青春文庫

1秒でつかむ
儲けのツボ

岩波貴士

青春出版社

「お金のないことが問題ではない
アイデアのないことが問題なのだ」

（ロバート・H・シュラー）

はじめに

本書は次の人のために書きました。

□さまざまな業界の知恵を効率よく学びたい方
□個人ビジネスや副業でも使えるアイデアをお探しの方
□ビジネスモデルの見直しをしたい方
□これからの時代に儲かるビジネスをお探しの方
□みずからのライフスタイルに合った働き方を見つけたい方

あなたは〝金のタマゴを産むニワトリ〟を持っていますか？

実はこの問いに「儲けるために必要な重要なヒント」が隠されています。

なかなか稼げない人は「お金持ち」になりたいと考えます。ところが、本当にお金をたくさん稼いでいる人は「仕組み持ち」になりたいと考える人なのです。

仕組みに働かせる時代

今の世の中は、働き方改革が提唱され、企業は養いきれなくなった従業員に副業を認めざるを得なくなり、また、定年後の長すぎる余生をどう生きていくかを真剣に考えなければならなくなった時代です。さらに、今後は、人工知能が発達することで「AIに仕事が奪われる時代」とも言われるようになりました。

しかし、この状況は、むしろ「チャンス」と捉えることができます。それは、会社に頼れなくなることで、人生を有意義に過ごすための「自分自身の生き方」や「仕事との向き合い方」を見つめ直す機会を得ることになるからです。

ビジネスにも、法則や王道があるため、それらを学ぶことで、賃金を得るスタイルとは次元の異なる、あなた自身を輝かせる「儲けの仕組み」を手に入れることができるのです。AIの出現も、仕組みを使う側になれば、従業員を雇わずに仕組みをまわせるようになるという、嬉しい時代の変化として映るはずです。

これからの時代に「あなたが儲けるためのヒント」がここにある！

必要なのは発想、発見、発信、そして、チャレンジとアレンジ。

令和の新時代に儲ける人は、情報とネットワークの力を駆使しつつ、これらの言葉のように、みずから進んで何かを仕掛けていこうとする姿勢のある人です。つまり「発意」のある人が活躍する時代になります。

本書は、そのような人を応援するために、私がこれまで多くの成功者から学んだ、ビジネスで成功するための「儲けのツボ」を、これからの新時代に生きる人に役立てていただけるように、時代に合わせ応用を加えて紹介した、ビジネスノウハウの「最新版」になります。

各テーマの終わりには、タイトルにもあるよう、要点をスパッと「1秒」でつかむための、短いフレーズも用意いたしました。この本が、読者の「あなた」の人生の一助になれば、著者としてこの上ない喜びです。

令和元年5月吉日「日本アイデア作家協会」代表　岩波貴士

1秒でつかむ 儲けのツボ
CONTENTS

はじめに …… 4

1章その手があったか！

儲けのすごいアイデア

01 〝人材不足〟を追い風にする秘策 …… 15
02 〝値段のわりに美味しい〟を追求する …… 17
03 値下げ以外で〝お得〟を感じてもらうには？ …… 18
04 注文が殺到する〝○○代行〟ビジネスのヒント …… 20
05 既存商品の〝パーツ〟に特化する …… 22
06 旅行会社が実践！ お客様のワクワク感を刺激する仕掛け …… 24
07 中古品をさらなるビジネスにつなげるには …… 27
08 「ユーズド・イン・ジャパン」が使えれば高値がつく …… 29
09 集客に「ただし……」の一文を入れる …… 30
10 無料サービスのムダ遣いをさせない心理テクニックとは？ …… 32
11 つい買いたくなる「あやかり型」ビジネスとは？ …… 34

12 一部の人にとって買わずにはいられなくなるネーミングがある！…… 37
13 キャンディを〝映え〟させると…… …… 39
14 お客様のコンプレックスを利用したサービスとは？…… 42
15 現代人を惹きつけたCMの強烈なひと言…… 44

2章 知っている人だけが儲かる！ お金の新常識

01 売り場は「有人」から「無人」へ…… 49
02 「誘い文句」をズラすだけで利益は増える…… 51
03 一度の動画収録を10の収入源にする…… 53
04 検索上位を狙うには〝SEO対策〟より〝資格〟の取得…… 55
05 資格は取って、使って、〝監修する〟ことまでできる！…… 56
06 〝お墨付き〟を自分でつくる…… 60
07 外国人に、〝たい焼き〟ではなく〝たい焼き器〟を売るズラしの発想…… 62
08 タダなのに商品の売れ行きを左右する〝印象のよい成分説明〟の秘策とは？…… 64
09 「物」より「体験」が求められている…… 66
10 心の闇もビジネスになる…… 69

3章 時代を先読み！
これから売れるもののヒント

01 〝ネーミング〟に注目する …… 73
02 リアル店舗で増える「QRコード決済」に目をつける …… 75
03 撮りたくなるQRコードにする …… 76
04 インスタ映えする対象に「QRコード」を埋め込む …… 78
05 キャッシュレス対応にする …… 79
06 生活の中の「ありきたり」なデザインに注目する …… 81
07 その時代を象徴する道具を扱う …… 83
08 「カスタマイズ」できるものが売れる！ …… 85

4章 どうやって儲けているの？
あのビジネスの仕組み

01 「お友達割引券」はなぜ損にならないのか？ …… 91
02 スマホで売り上げが下がった写真屋さんが復活した理由 …… 94

03 「口コミ」したくなる商品には仕掛けがある……96
04 ネットビジネスではこれまで使えなかった「武器」が使える！……98
05 クリックひとつが広告収入になる……103
06 ブログは「アクセス」が集まるほど収入も上がる……105
07 ブログやユーチューブのビジネスが画期的な理由とは？……109
08 情報は分類するだけでも「新たな価値」になる……112
09 〝ランキングサイト〟が続々と生まれるワケ……114

5章 ちょっとした差でつくられる！儲けの思考回路のつくり方

01 「王道の販売法」いくつ知ってる？……119
02 営業がしやすいのは〝人〟？ それとも〝企業〟？……122
03 ビジネスチャンスを見つけたら〝語学力〟は気にしない……123
04 心に届く「類比」と「対比」W活用の説得術とは？……125
05 戦略とは「〇〇」である……127
06 ビジネスと投資の決定的な違いとは？……129
07 「法律」の中に商売のネタがある！……131

08 商品価値の高め方に気づく …… 134
09 成功本にみる「成功者の特徴」に発想のヒントがある …… 136
10 スムーズに進めるための「分割」「細分化」の発想とは？ …… 139
11 商品づくり「グー、チョキ、パー、チョキ」の法則とは？ …… 141
12 儲かるお店にする「商品」の選び方 …… 143
13 つい利益率の高い商品を選んでしまう「選択誘導」とは？ …… 145
14 「売れるもの探し」ではなく「困っている人探し」をする …… 147
15 商品を「別の商品として売る」2つの問いかけ …… 148
16 新市場をつくりだす魔法の言葉 …… 149
17 オリジナル商品は自分でつくらなくてもよい …… 152
18 「売る理由」や「買う理由」を与える …… 153

6章
儲けへのステップ
あなたを手助けする！

01 判断ミスの原因と予防のための情報源を知る …… 159
02 アイデアが出やすくなる情報との付きあい方 …… 162
03 企画は出すだけでなく「育てるもの」でもある …… 163

04 商品の価値は「受け手」によって決まる 165
05 お客様には段階があることを知る 167
06 「時代に取り残される不安」をなくす考え方 169
07 シンプルな「7つの方法」で能率はアップする 171
08 能力の高さと同様に「○○の少なさ」は武器である 174
09 他人が求める「あなたの価値」はここにある！ 176
10 「とりあえず就職」という場合ならどのような仕事がいいか？ 178
11 「過去をこれからつくる」という生き方とは？ 180
12 情報がビジネスの鍵になる時代に 181
思考の幅を広げる情報源　書評ブログ 186
無料追加情報 188

本文デザイン・DTP　黒田志麻

1章

その手があったか！
儲けのすごいアイデア

売れる商品や繁盛している店がある一方で、同じようなものを扱っているのに鳴かず飛ばず……ということがあります。

いったい何がお客様を引きつけるのでしょうか？

この章では、思わず「その手があったか」と唸らずにはいられない、ビジネスの着眼や、異業種の知恵を具体例を通して紹介していきます。

儲けのすごいアイデア 01

“人材不足”を追い風にする秘策

デザインは「好き嫌い」「似合う似合わない」の欲求を叶えるためだけに、バリエーションを増やすものではありません。デザインのもつ機能性にも注目すべきです。

形を変えずに、印刷一つでデザインを変えられる商品も多いわけですから、デザインの機能性を意識すれば、既存商品を経費を掛けずにヒット商品に変えることができます。

例えば、人手不足が叫ばれる介護業界なら、ネットの販売ページに次のコピーが掲げられていたなら、思わず反応するのではないでしょうか？

「人手不足の現場に！　スピード交換対応
タテ横、裏表が一目でわかる業務用 布団カバー」

介護現場で、大量の布団カバーや毛布の交換に時間がかかる理由の一つが、カバーや毛布の、タテ横や裏表がわかりにくく「途中でやり直すことが多い」ことがあげられます。ならば、カバーを「シマ模様」にしたり「裏表で色調を変えたり」すれば、それだけで間違えなくなり、やり直しのミス、時間のロスが省けるようになるのです。

デザインは、家庭用と業務用では求められるものが変わります。業務用の場合、このような「能率アップ」をデザインのコンセプトにすれば、それは「人材不足」の業界に、強力に訴える商品にできるということです。

また「人材不足を解消する商品」とは、それ自体がB to B（企業対企業）対象の商品になりますから、介護施設や病院といった「大口取引」につながる商品開発になるわけです。

1秒でつかむ 儲けの★ツボ

デザインの工夫で「能率アップ」が図れれば「人手不足対応商品」として大口取引が期待できる

儲けのすごいアイデア02

"値段のわりに美味しい"を追求する

人間には「過去の記憶を過大評価してしまう」心理があります。この心理は「逃げた魚は大きい」のたとえのように「やりそこなったこと」に働くほかに、「期待を超えたできごと」に対しても働くものです。例えば、何気なく入った飲食店で「まさかの美味しさ」を経験してしまったお客様は、次回以降に来店した際「あれ？それほどでも…」と、徐々に評価が下方修正されることになります。

お店がお客様に与えるべき印象は「値段のわりに美味しい」あたりが適当です。第一印象と第二、第三印象を、同じように均一なものにできれば「いつも美味しい店」という評価になります。これが「常連客を増やす味」の秘訣です。美味しいお店であることは繁盛の条件ですが、美味しすぎるお店を目指そうとするのは錯覚です。

また、同じような錯覚に「ありふれた商品」という言葉があります。ありふれた商品と聞くと、よくない商品であるかのように錯覚してしまいがちですが、ありふれた商品とは、業界で大きなマーケットを獲得した「大成功の商品」であり、経営者にとっては最大級の賛辞なのです。

1秒でつかむ 儲けの★ツボ

ビジネスに必要なのは、儲けにつながる「絶妙なレベル」の追求と「ありふれた商品」を目指すこと

儲けのすごいアイデア 03

値下げ以外で〝お得〟を感じてもらうには？

安易な値下げは、収益に大きく響いてしまいます。例えば、利益率が30%の商品の場合、値段を二割引きにしただけで、利益は三分の一に激減してしまいます。そのため、値下げ以外の方法で「お得感」を感じてもらえる方法を考えることが大切になります。

東京都福生市の賃貸アパートでは、アパートの住人に「一日一杯ラーメン無料」を特典にすることで、アパートの稼働率１００％を実現しています。実はこの物件、ラーメン屋の店主がオーナーという、なるほどの理由が存在しています。
アパートの住人にとって、例えば６００円のラーメンは６００円の得になりますが、経営者にとってはラーメンの原価だけの損で済みますから、双方にとってありがたい結果になるわけです。

このように、安易な値下げをせず、自社の有する商品やサービスの中に、相手に「特典」として提示できるものはないかを探してみることです。

また不動産なら「近所のスーパーは夜10時になると、お惣菜が半額になります！」といった自社とは関係ない環境情報を特典のように利用することもできます。

1秒でつかむ 儲けの★ツボ

値下げより〝特典〟を考える

儲けのすごいアイデア04

注文が殺到する"○○代行"ビジネスのヒント

「焼き肉の網のレンタル」ビジネス。

形式としては「レンタル業」ですが、実質は「代行業」といっていいかもしれません。焼き肉店の業務の中で、時間のかかる大変な作業が「網洗い」です。網の細い隙間にこびりついた汚れを、閉店後タワシで掃除する作業が嫌で、退職する従業員も多いのです。今日では多くの焼き肉店が網のレンタル業者を利用し、従業員の離職率を下げることをしています。

このように、世の中にはさまざまな「代行ビジネス」が存在しますが、人手不足の今日、各業種における「面倒な業務」や「時間のかかる作業」をスムーズに代行するビジネスを考え出せば、離職を防ぐ意味合いもあり、ヒットしやすいビジネスになります。

例えば、経理の煩わしさを解消するための「経理代行」はすでにメジャーな代行業務となりました。登場した当時は「経理をアウトソーシングする発想」は画期的と絶賛されていました。

また、従業員にとって「非日常の業務」や「本来的には業務外」の仕事に特化する代行の中にも、喜ばれるビジネスのヒントが隠されています。

代表的な例としては「飲み会の予約代行」や、大企業で重宝されている「運動会代行」などがそれです。大企業の中には、毎年、従業員の家族を参加させた運動会を開催するところもあるのですが、そのような「非日常業務」の煩わしさに注目し、ビジネスにしたという例です。

1秒でつかむ 儲けの★ツボ

「面倒」「時間がかかる」「業務外」に代行ビジネスのタネがある

儲けのすごいアイデア05

既存商品の〝パーツ〟に特化する

手がける商品やサービスは、必ずしもオリジナルのものである必要はありません。既存の商品に相乗りする形で、次のような展開でビジネスを行うこともできます。

・既存商品のカスタム用品に特化する

標準仕様の場合、いま一つ不便やデザインの悪さ、改善点などを感じる商品に対し、アレンジを加えるための商品を売り出すことでも人気商品をつくることができます。通常の改造と異なり、度を超えた改造を「魔改造」と呼びますがそのような特殊な改造品に特化した商品開発もマニア心をくすぐる商品として一定の需要が見込めます。

・人気商品の「消耗品」に特化する

プリンターのインクが代表的ですが、正規品のほか、さまざまなメーカーから「対応品」と称して廉価な非正規品が販売されています。

・既存商品の「特定の部品」の販売やメンテナンスに特化する

特定の商品で壊れやすい部分があるのであれば、その部分の部品の販売やメンテナンスを手掛けることでもビジネスになります。また、廃盤商品の場合、より希少性が増すため高値で取り引きできる場合もあります。

例えば、往年の名車と呼ばれるような車の場合「特定のパーツ」が欠損しているといったケースがよくあります。廃版商品の場合、何年かはメーカーから部品の調達ができますが、メーカーの対応期間が終了してしまった場合、持ち主にとって高値でも購入したい存在になります。中古市場に出す際も、そのパーツさえ揃えば高値で出品できるようにもなります。

・廃版商品の「消耗部分」に特化する

アナログレコードを聞く際、プレーヤーには消耗品であるレコード針を使います。ところが、プレーヤー自体の製造も終了しているため、その消耗品であるレコード針も取り寄せが困難という状態にあります。そこで、各メーカーの機種に適合するレコード針を幅広くそろえるという展開で成功している企業も同様です。

1秒でつかむ 儲けの★ツボ

「カスタム用品」「交換部品」の販売で既存商品に相乗りする

儲けのすごいアイデア 06

旅行会社が実践！お客様のワクワク感を刺激する仕掛け

病気や仕事で自分自身が旅行に出かけるのが困難な方や、日本に来ることができない外国の方」など、本人に代わって「送ってもらったぬいぐるみ」にツアーを企画・販売するユニークな旅行代理店が注目を集めています。

運営しているのは、東京港区の「株式会社ウナギトラベル」さん。お客様に送ってもらったぬいぐるみと一緒に「東京ツアー」や「ミステリーツアー」に出かけ、旅先で写真を撮影したり、旅の様子をFacebook等でライブ中継することで、自

写真提供：
ウナギトラベル

分も一緒に旅をしているような「ワクワク感」を提供するという内容です。

高齢により、外に出られなくなる人もこれからどんどん増えていくでしょう。そのような方に「夢」や「体験」を「本人の身代わりを通じて提供するサービス」は応用法がまだまだ残されているビジネス分野だと思います。

それにしても初めに思いついた「ウナギトラベル」さんの企画力には脱帽です。人間は、自分以上に「自分の愛するもの」を大切に思ったり、愛おしく思うものですが、そのような対象がツアーに出るというのは、感情移入も加わりるため、ある意味、本人がツアーにでるより、ワクワク感が高まるかもしれません。

このような「心の機微」を意識することは、日本人が得意とするところです。ただそれをビジネスに取り入れようとする人が、まだ少ないだけといえるでしょう。

1秒でつかむ 儲けのツボ

ワクワク感を「感情移入できる対象」へのサービスを考える

儲けのすごいアイデア 07

中古品をさらなるビジネスへつなげるには？

物を売る場合、教育とセットにして利益を増やす方法があります。いわゆる「商品＋教育」のビジネスモデルと呼ばれるものですが、代表的なところでは、楽器メーカーのヤマハがエレクトーンやピアノの販売とともに「音楽教室」を運営しています。

中古品の販売にも「商品＋教育」の販売ノウハウが応用できます。むしろ、教育ビジネスへのお客様を集める「集客方法として」中古品を提供するといった、逆の捉え方のほうが正しいかもしれません。それは、中古品の販売利益より、教育のほうの利益を大きくできるからです。

初心者の場合「いきなり高額な新品を買うのは心配」「新品を買っても挫折したらどうしよう」といった不安が頭をよぎるものです。そのため、教育する先生が「中古品をお安く提供します」としたほうが、高い新品を勧めるより「親切な先生」といった好印象を与えることにもなります。要は「中古品を購入したほうが損をしない」といったアプローチで初心者向けに「中古品＋教育」のセット販売を行うわけです。

教育部分は、生の授業を行うより「オリジナルのＤＶＤ20巻セット」などとパッケージで販売するほうが、より頭脳的な販売方法になります。映像作品などは、一度つくってしまえば、後はコピーするだけで商品を再生産できるからです。

また、中古品の販売ではなく、中古品を使い回せる「中古品レンタル＋教育」のビジネスモデルも類似の考え方になります。高齢者向けの「大正琴」の教室などで見られるスタイルです。この場合「買わなくて済む」点を謳い文句に教室に通わせることにつなげているわけです。

1秒でつかむ 儲けの★ツボ

中古品の〝セット販売〟を考えてみる

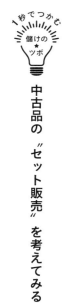

儲けのすごいアイデア08

「ユーズド・イン・ジャパン」が使えれば高値がつく

日本ではあまり高く売れない中古品でも、海外では高く売れる商品があります。その利点を最大限いかしているのが、ピアノ買い取りの「タケモトピアノ」です。「ピアノ売ってちょおだ～～～い！」のテレビCMをご覧になった方も多いと思います。

タケモトピアノは、世界中に日本の中古ピアノを輸出し、大成功しているのです。特に偽物商品の多い中国では「ユーズド・イン・ジャパン」は一種の本物証明書のような意味付けもあり、日本製のピアノは中古でも高値で取引されています。

ピアノを廃棄する場合、粗大ごみとして引き取りにお金がかかります。ましてや何年も使っていなかったピアノとなると、持ち主としては「タダでもいいから……」という心境の場合も多いはずです。それらのピアノを技術者が修理し「ユーズド・イン・ジャパン」として外国で売ると高値で売れるというわけです。

中古品を海外で売る場合の応用例としては「ユーズド・イン・ジャパン」の強みを生かす他に「クールジャパン」の要素を生かせる商品に特化することです。日本では1000円程度で購入できる、アニメの「フィギュア」なども海外では4倍以上で売れるものもあります。海外相手に発送する際は、立体物の場合、送料がかさむため、封書で送れる冊子やポスター類、ハンカチやTシャツなど特化するという戦略で成功している人もいます。その場合、買う側の負担も減るため立体物より購入されやすいわけです。

1秒でつかむ 儲けの★ツボ

日本の中古品は海外で高く売れる

儲けのすごいアイデア 09

集客に「ただし……」の一文を入れる

パンチの効いたフレーズで集客したいなら、経営スタイルを次のフレーズが使えるように変更してみるとよいでしょう。

「ただし、この料金は○○のお客様に限らせていただきます！」

実は、あまり語られていませんが、この「断り文句を入れたコピー」は、注目度を高めるキラーフレーズなのです。ポイントは「やろうと思えばやれる程度の条件にすること」です。すると、このコピーを見たお客様は頭の中では「あッ自分は該当者だ！」となるため、あたかも「チャンス」のような心理が働くためです。

よく見かけるのは「特価品につき、おひとり様3個までとさせていただきます」という、断り文句ですが、その応用版になります。実施例としては次のようなものがあります。

「ただし、この料金は車を持ち込んでいただけるお客様に限らせていただきます」

（自動車車検）

「ただし、この料金はご自身で初期設定までできるお客様に限らせていただきます」
（ネットビジネス講座）

また、これらの条件を付すことで、従業員のお金につながらない手間や時間が省けるばかりか、説明に時間のかかる「超」の付くほどのド素人を遠ざけることができるのです。

1秒でつかむ 儲けのツボ

- **人は「断り文句を入れたコピー」に反応する**
- **断り文句を使えば「利益」や「時間」を増やせる**

儲けのすごいアイデア10 無料サービスのムダ遣いをさせない心理テクニックとは？

「分割する」「分けて考える」という、たった1つの知恵を活用するだけで、大きな違いをうみだすことがあります。

例えば漫画喫茶の事例です。漫画喫茶では、一般にどこの店舗でもドリンク類は無料で提供しています。漫画喫茶の収益は「利用時間によって決まる」スタイルのため、ドリンク類は長居してもらうためのサービスという位置づけだからです。

そのため、お客様は、無料をいいことに「飲みもしないのに」何杯ものドリンクを部屋に持ち込むことをしてしまいがちです。

お客様にとっては無料でも、お店はドリンクの自販機会社に、一杯当たり、約40円のお金を払う契約をしています。そのため、漫画喫茶の運営では「飲みもしないドリンク」をいかに部屋に持ち込ませないかが課題になっていたのです。

そこで私は、お茶とコーラは「無料」、その他の炭酸とコーヒー類は「1杯10円」にするよう、料金変更を提案しました。つまり、「無料のもの」と「有料のもの」に分けたのです。お客様に「10円ではあるがお金がかかる」という心理が働くと、これまでのように「飲みもしないのに」部屋にジュースを持っていく人は減るのではないかとの仮説を立てたのです。

考えは的中。20室の中規模の漫画喫茶でしたが、この料金変更によって、お店が業者に支払う一カ月のドリンク代の差額は、なんと3万円以上にもなりました。この小さなアイデアの実施により、経営者は年間で約40万円もの収入を増やしたことになります。多店舗経営を行っている経営者なら、年収で相当の違いになるはずです。そのような違いが、自販機の数字を「0」から「10」に変えるだけでできたのです。

1秒でつかむ 儲けの★ツボ

目先の利益に翻弄されない視点を持つ

儲けのすごいアイデア 11

つい買いたくなる「あやかり型」ビジネスとは？

もともと人気があったり、縁起のいいものを人はつい買ってしまうものです。自力で頑張る前に他力に「あやかれないか」と考えてみるのも一つの手です。そんな

「あやかり型」のビジネスにはどういった種類が考えられるでしょうか？
ご紹介いたします。

・肖像権の制限を受けない「公人」を利用する
例：現職の総理大臣を使ったお菓子や元号にちなんだグッズ
・肖像権の制限を受けない「歴史上の人物」などを利用する
例：夏目漱石やアインシュタインなどの偉人をモチーフにしたカップ
・著作権のない国旗を扱う
例：世界各国の国旗、国旗をデザインにつかった文具
・有名キャラクターの「好物」や「愛用品」を商品化する
例：ドラえもんが描かれたどら焼き（どら焼きはドラえもんの好物）
・有名キャラクターの「色彩」や「セリフ」「キーワード」を利用する
例：エヴァンゲリヲン初号機がモチーフとわかるような、紫と緑と黒の配色にしたTシャツ

・有名人を連想するイメージだけ利用する
例：マイケルホワイトというネーミングの美白化粧品
・「縁起のいい言葉」や「話題のキーワード」を利用する
例：ウカ～ルなど合格祈願のネーミングをつけたお菓子

世界の国旗に特化させた会社は、とても賢い商品の選択です。運動施設や、学校などからイベント用に購入されるのでしょう。

私が以前住んでいた東京板橋駅にある、大学芋の販売店は、こじんまりとした地味なお店であるにも関わらず、受験シーズンには、マスコミからの取材が多い有名店です。その秘密が、画像が示すように「合格屋」というお店の名前にあるのです。

受験性が縁起を担ぐために売り出した「合格芋」で商標

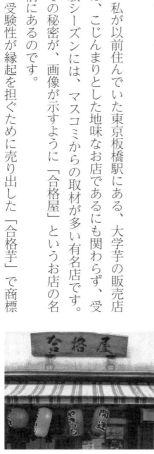

登録し名物店として人気を博しております。

1秒でつかむ 儲けの★ツボ

〝人気・有名・縁起〟にとことんあやかる

儲けのすごいアイデア 12

一部の人にとって買わずにはいられなくなるネーミングがある！

日本全国には、佐藤の姓をもつ人が、約190万人いるそうです。また、鈴木さんは180万人、高橋さんは140万人います。（参考「名字由来ドットネット」）

そのため、例えば「猫好きの佐藤さん専門の商品」をつくった場合、マーケットはおよそ数十万人になるでしょう。それなら佐藤さん専用の既製品をつくってもビジネスが行える数字です。専用商品には該当する人を振り向かせる力があります。

このように、購入者を指定した「〇〇様専用の商品づくり」の考え方があります。

専用商品の代表は「印鑑」です。メジャーな名字は「既製品」が存在するからです。ゆえに私は、お客様指定の商品を手がけるビジネスを「印鑑商法」と呼んでいます。

例えば、佐藤さんが振り向きやすい「佐藤の寿」という銘柄のお酒があったならどうでしょう。もし佐藤さんなら結婚式などの慶事で振る舞いたいとは思いませんか？　このような考え方で特定の人をターゲットにしたヒット商品が作れるのです。

商標登録は、個人でも利用でき、数万円でできる「独占化」の方法です。ビジネスを考える人であれば、ぜひ商標登録の知識は学んでおくべきです。

【推薦書籍】「商標ブランディング」上村英樹著
「商標登録で成功する経営者、失敗する経営者」平野泰弘著

また、お客様を一定のグループに分類し、大まかに指定する「準指名商品」と呼べるタイプの商法も存在します。例えば、宝石業界で使われている「誕生石」のアイデアを利用したビジネスがそれです。このような「準指名商品」には、お客様の

選択肢を無くす効果がありますので、販売を楽にできる利点があります。

応用例のヒントとして、知っておくべき情報を一つ……

中国には「王」さんが９０００万人以上いるそうです。

1秒でつかむ 儲けの★ツボ

購入者をこちらが指定してもいい

儲けのすごいアイデア 13

キャンディを〝映え〟させると……

購入者が利用者とは限りません。

この視点が大切です。

今日、商品の利用者と、購入者を分けて販売戦略を考えることが盛んに研究されています。

チュッパチャプスを販売するクラシエフーズでは、色とりどりのチュッパチャプスをプレゼント用に購入されるよう「花束」風にアレンジしたものを販売し、大人気になっています。花束風にすることで「インスタ映え」や「まとめ買い」もされることになるわけですから、素晴らしいアイデアだと思います。

「安いお菓子」の代表のような「ブラックサンダー」を手掛ける有楽製菓では、その安っぽさを逆手に取り「義理チョコ用」ブラックサンダーを発売し話題になりました。

贈り物商品の場合、私なら欲しい商品をプレゼントしてもらうための「おねだりトーク集」をつくり、販売サイトの中に次の「アイコン」を設置しておきます。

「この商品をプレゼントしてもらうための【秘密のおねだりトーク集】今なら無料！」

そして「メールアドレスを入力させ」無料提供することで、その後のキャンペーンなどの告知の際利用できる「メールアドレス」を取得するのです。いかに訪問者とその後連絡を取れる状態にしておくかは、ビジネスにおいて最重要に大切なことだからです。プレゼント需要には、販売サイト側も何かプレゼントすることで、Wの喜びを与えましょう！

特典は「無料」であっても「無条件」にする必要はないということです。

また社員が「経費で落とせる魅力」で注文するように「日常の商品」も法人向けの通販パンフレットの品目に入れておくことは、今日、法人向け通販市場の常識になっています。経営者の方はご注意くださいませ（笑）。

1秒でつかむ 儲けの★ツボ

「プレゼント」需要、「贈答品」「返礼品」市場を忘れない

儲けのすごいアイデア 14

お客様のコンプレックスを利用したサービスとは？

デヴィ夫人をお母さん役に起用した、靴とファッションの通販会社「ロコンド」のテレビCMでは、次のようなセリフが使われていました。

「お母さま、店員さんに試着を見られるのが苦手なのよ……」
「あなた、ロコンドで買えばいいじゃな〜い。自宅で試着！」
「誰にも見られないで試着できるぅぅ〜幸せ〜」

ロコンドは、一度自宅に送られた商品を試着してから購入できる点を売りにしています。このような場合、一般的には「一度試着してから購入できるから安心です」といったフレーズを採用します。

しかし、ロコンドは「誰にも見られない」ことを訴えています。

人間の欲求には様々なものがありますが「恥ずかしいことを隠したい気持ち」はコ

ンプレックスの悩みに類するものであり、試着を見られることに抵抗のある女性にとって、このCMは「私のためのサービス」として強く印象に残ります。
また、コンプレックスのない女性にとっても「試着してから購入できる長所」は十分伝わるので、総合的に見てもCMとしてプラスの効果があるのです。

また「バレない」「隠せる」「秘密厳守」は商品やサービスの開発のコンセプトとして使える手法でもあります。
例えば「バレないカラコン」「やけども隠せるファンデーション」「隠せる金庫」「バレない副業」などですが、これらの要素は、商品やサービスに高値でも取引したくなる付加価値といえるものです。

1秒でつかむ 儲けのツボ

お客様のコンプレックス需要を刺激する

儲けのすごいアイデア15

現代人を惹きつけたCMの強烈なひと言

お客様の心をつかむ「たった1つの言葉の発見」が、企業の業績アップに大きく貢献した例として、ソニー損保がテレビCMで採用したフレーズが参考になりますのでご紹介いたします。

CMでは、事故現場で困っているお客様から、保険会社のオペレーターが電話を受け取ったというシチュエーションで、オペレーターが放った「お客様を安心させる言葉」が、顧客獲得に大貢献したのです。

そのオペレーターが放った「お客様を安心させる言葉」とは次の通りです。

「私が相手の方と、直接お話ししましょうか」

この「事故現場で相手と代わりに話をしてくれるありがたさ」を伝えるフレー

ズが、ＣＭを見ているドライバーの心をつかむ「キラーフレーズ」になることを、ソニー損保は気づいたのです。そしてダメ押しのように「そこまでやる！」の一言を付け加えたＣＭ構成。

つまり、事故現場の臨場感とその場における大きな安心を見事なまでに伝える構成だったのです。特に現代人の多くは、コミュニケーション下手を過剰なまでに自覚しています。そこに、事故現場での相手とのやりとりという、なおさらの難題が重なった場面を考えさせられれば、このＣＭが提案している「言いにくいことを代わりに話してくれるサービス」には心が惹きつけられるのです。

同様の心理を応用したビジネスの例としては「家賃の値下げ交渉代行サービス」や「不動産の耐震強度査定のセカンドオピニオンサービス」などがあります。

不動産の耐震強度査定のセカンドオピニオンサービスとは、他の業者が「補強の必要あり」とした不動産に、あたかも病院で医師の診断に不安を持つ患者さんが、別の病院で再度審査をしてもらう「セカンドオピニオン」の考えのように、もう一度査定をしてもらうサービスです。２度目の査定の結果「補強の必要なし」となった場合、依頼者としては、高額な補強工事をしなくてすむわけです。無理やり補強をさせる詐欺まがいの業者の被害にあわないためにも利用されているサービスです。

これら「言いにくいことを代わりに」式のサービスは、コミュニケーション下手を自覚する現代人の心をつかむサービスの例といえます。

1秒でつかむ
儲けの★ツボ

「言いにくいこと」はビジネスになる！

2章

知っている人だけが儲かる！
お金の「新常識」

安ければ売れるという時代は終わりました。また、消費者の感覚も知らず知らずのうちに変化が生じています。次の対話はこれからの消費者感覚を象徴するものです。

「そのセーターどこで買ったの？」

「うん、トイレで買った」

つまり、通販が生活に入り込んできていることを表しているわけです。本章では、そのような変化の激しい時代に必要な、ビジネスの「ズラし」の着眼の例を中心にお伝えいたします。

お金の新常識 01

売り場は「有人」から「無人」へ

人手不足の世の中で「無人化」が進むと、どのような業界が潤うようになるでしょうか?

コンビニも一部の店舗では、すでに無人化が実施されるようになりましたが、この流れは今後ますます広がるでしょう。無人化された場合、これまで店員さんがいると購入しにくかった商品なども購入しやすくなります。

また、宅配業界では、人手不足から二度手間を避けるため、再配達をしないで済むよう、地域の「空き家」などを利用した配送品の「預かり所」を設ける案もでているようです。不在の場合、そちらの預かり所で受け取る対策ですが、こちらも無人化されることは予想されます。おそらくスペースのあるコンビニも預かり所を兼ねることになるでしょう。

すると、これまで自宅に届けられると困るような通販商品も、預かり所で受け取れるようになるわけです。「アダルトグッズ」などのサブカル商品の人気が高まることが予想できます。

無人化の時代とは「人に会わずに買える時代」でもあります。

それを長所と捉えれば、「バレない」「隠せる」「秘密厳守」に対する需要の高かった商品ほど、恩恵が受けやすいということです。

似た例で、女性下着の「ヌーブラ」が登場した際、一番恩恵を受けたのは「キャバクラ業界」でした。

ヌーブラの登場により、女性がこれまで着ることができなかった大きく背中のあいたドレスを着ることができるようになり、キャバクラブームに火をつけたというわけです。このキャバクラのような恩恵を「反射的利益」といいます。サブカル商品も、流通分野の無人化により、反射的利益を受けやすい商品なのです。

1秒でつかむ 儲けのツボ

「人に会わずに買えるもの」が売れる時代に！

お金の新常識 02

「誘い文句」をズラすだけで利益は増える

例えば、クラウドソーシングを利用し、日本語の文章を韓国語に翻訳する作業があったとします。募集案件を「翻訳業務」とするのではなく、次のようにするだけで、同じ予算で多くの翻訳を完成させることができるかもしれません。

その方法とは……

募集：「翻訳原稿のチェック業務」

韓国語は日本語と文法が同じため、現在の「Google翻訳」の能力でも英語に自動翻訳する場合に比べ、遥かに正確な翻訳をしてくれます。そのため、こちらで一度自動翻訳した原稿に対し「最後のチェック作業をしていただく業務」という形の依頼をすることで、負担が軽くなったように感じられるのです。

また、同じような「ズラし」の誘い方の例として、商品の普及を目的に人員を増やすのであれば「従業員募集」ではなく「販売代理店募集」とする選択肢も覚えておくべきでしょう。

従業員を募集した場合、雇用契約や教育にともなう経費がかかりますが、販売代理店募集にすることで、それらの負担をほぼゼロにできます。経営者の中には、商品ラインナップを探している方もいるからです。また、世の中には「何でも売れる販売のプロ」もいます。そのような人にとって商品は「お金と交換する口実」のような存在であるため、新商品の提案は嬉しい情報なのです。

1秒でつかむ 儲けの★ツボ

経費を抑えられる「誘い文句」を利用する

お金の新常識 03

一度の動画収録を10の収入源にする

今日、動画によるメッセージを配信する場合、YouTubeやニコニコ動画、Facebook、自身のホームページやブログ、さらには会員専用ページなど、さまざまな媒体を利用することができるようになりました。

その際、同じ動画を「使い回す」こともできますが「ある単純な仕掛け」を用いることで、1度の収録で、複数の異なる作品をつくることができます。

その仕掛けとは……、

「複数のカメラを使い、別のアングルから収録する」という方法です。

なんと単純な方法でしょう。しかし、言われないと気づきにくい視点です。

この方法を使えば、出演者が複数いる場合なら、出演者ごとにその人用のアングルで撮影することで、各人のサイトで「自身を中心にした作品」を利用する、などの「使い分け」ができるようになるわけです。

また、アングルが変わるだけでも、人間はしばらく視聴しなければ、同じ内容だと気づかないこともあります。さらに、時間をおいて別のアングルからの作品を視聴した場合、過去に同じ内容を学んだ事実にすら気づかないこともあります。

複数の作品があれば、同じYouTube内でも「チャンネル名」を変え、複数の動画を投稿するなどの使い方もできます。つまり、一回の収録からより多くの広告収入へとつなげられるわけです。また、閲覧回数を計測することで「閲覧されやすい動画を研究する」といった、「効果測定」にも役立つのです。

1秒でつかむ 儲けの★ツボ

カメラの数は「作品の数になる」

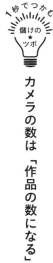

お金の新常識 04

検索上位を狙うなら〝SEO対策〟より〝資格〟の取得

ネットの世界では、Googleは読者のために、検索で役立つページが上位表示するよう、ページ評価の判断基準を日々アップデートしています。

特に最近は、医療や健康関連の記事については、医療機関や有資格者の書いた「信憑性の高い記事」が上位表示されるようになりました。例えば、ブログの記事も「花粉症の知られざる対策【専門医】が解説」といった記事が上位表示されるようになったのです。つまり、ネット上でも「信用」がこれまで以上に価値を有するようになったわけです。

このような傾向によって、資格は、これまでのように「その職業をしてもいい人」という価値に加えて「その分野について解説をする権利を有する人」という、新たな価値も加わったといえます。

情報化の時代では、この「有資格者としての信憑性を情報提供に生かせる」価値のほうがむしろ、資格の活用法としては応用が利くと思います。
例えば、資格の受験に際して得た知識を軸に、前述したように、その分野の解説ブログを書き、広告収入を得るといった使い方をする場合、資格のない人に比べ優位な立場に立てます。また、別の分野の資格と組み合わせることや、伝え方を工夫するなどのことにより、資格は自身の希少性を高める武器の一つとして利用することもできるのです。

1秒でつかむ 儲けの★ツボ

資格は「その分野の解説者になれる資格」でもある

お金の新常識 05

資格は取って、使って、〝監修する〟ことまでできる!

資格を生かした「新ビジネス」のアイデアをご紹介いたします。それは……

「有資格者によるブログ監修ビジネス」です。

出版業界では昔から、専門分野の本については「監修者をつける」という本の作り方をしています。これは、原稿はライターなど文章のプロが書き、記事の信憑性保持のために、学者の先生などに最後に監修をしてもらうという本の作り方です。その考え方をホームページやブログの運営に応用するわけです。

つまり、記事は書けるけど資格をもっていないため、ブコグが検索エンジンで上位表示されない人に対し「ブログの監修者になってあげます」というビジネスです。それにより、ブログのタイトルや紹介欄に「医師監修」や「弁護士監修」「栄養士監修」「薬剤師監修」といった表記ができるようになり、信憑性が加わるため、アドセンス広告やアフィリエイト広告などの収入が増やせるわけです。

仕事の取り方としては、例えば「薬剤師によるブログの監修業務を承ります」と、ランサーズや、クラウドワークスなどの「クラウドソーシングサイト」に仕事を代行する側として登録するだけでスタートできます。

応用例として、「監修のできる有資格者」を登録する「監修者サイト」を運営するビジネスもよいでしょう。監修者を探すにしても、だれに頼んでいいかわからない、どうやって探したらいいのかわからないといったことになるため、監修者を組織した団体の運営をするわけです。

これにより、ブログの管理人、有資格者（監修者）、読者のすべてにメリットの生まれることになり、売り手より、買い手よし、世間よしの「三方よし」の関係がつくれます。

つまり……

・記事の制作者は資格のない点を補うことができる
・監修者は、宝の持ち腐れ状態の資格を生かすことができる
・読者も安心して記事を読むことができる

……というわけです。

利益の出し方は、登録料という形のほか、登録を無料にして、多くの会員を集めることでホームページへのアクセス数を増やし、そこに広告を載せることで「広告

料収入を得る」といったスタイルでもよいでしょう。
「監修ビジネス」は、情報化社会をスムーズに進めるビジネスです。また、資格は難易度の高いものでなくても活用できます。難易度の高さは依頼を受ける際の料金の違いとして現れることになるでしょう。

監修者になれば、肩書にも「○○ニュースサイト監修」といった表記ができるようになるため、キャリアづくりにも役立ちます。働き改革が叫ばれる中、個人がキャリアを語れるようにしておくことは、その後に仕事を取る際の「選ばれる理由づくり」でもあります。

1秒でつかむ 儲けの★ツボ

- **資格はその分野を「語れる資格」でもある**
- **能力を補うために「監修者」を活用する**

お金の新常識06

"お墨付き"を自分でつくる

商品に掲げられる表示は、ＪＩＳマークやＪＡＳマークなどさまざまなものがあります。最近では、特定保健用食品マーク（トクホ）の表示が注目されるようになりました。

トクホのマークは、健康増進に役立つ成分が含まれており、安全性や有効性が科学的に検証され「消費者庁に認められた商品」である証です。お茶などに多いです。つまり、トクホのマークは、公的機関である「消費者庁」が許可をした食品のみが付けることを認められたマークです。

また、ガムなどでは「歯に信頼マーク」が付いた食品もよく見かけます。こちらは「国際トゥースフレンドリー協会」認定の表示になります。

人間は「お墨付き」に安心するわけですが、このようなマークが商品にプリントされていると何となく購入が促されます。

そのため、ある「有名通販サプリメント企業」では「いかにも」な認証マークを広告に掲げて販売しているのですが、広告の隅をよく見てみると……

「○○のマークは当社独自のマークです」……と小さく書かれています。

つまり、いかにも公共機関の認証のようなマークなのですが、あくまで「自社の認証」によるマークだったのです。自己認証は一種の「権威付け」による販売促進法ですが、類似の考え方で「社内検定資格」を設け、合格した従業員に、その企業内で定めた「○○士」という肩書を与え、名刺にその「○○士」と明記させている大手企業も存在します。

1秒でつかむ 儲けの★ツボ

「自社認証」「社内資格」で権威付けする

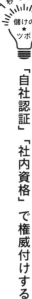

お金の新常識 07

外国人に、"たい焼き"ではなく"たい焼き器"を売るズラしの発想

外国人ウケする日本の商品を海外に販売する場合、手掛ける人が少ないとはいえ、人気商品はかぶりがち……。そこで、一般個人むけの人気商品ではなく、商売人相手に「業務用品に特化する」という戦略はいかがでしょう。いわば、海外相手のB to Bビジネスです。

例えば、日本のアニメに登場することで外国人観光客に人気がある「たい焼き」や「たこ焼き」。単にそのものを売るのではなく、海外の飲食店向けに「たい焼き器」などを専門に販売するのです。

ここで一つ気をつけなければならないことは、「相手の国によって、使える燃料の規格が異なる」といった問題です。日本でも地域によって、都市ガスやプロパンガスなど、使える燃料が異なりますが、世界を相手にする場合、その問題が大きくなるのです。

あらゆる商品に「規格」は存在しますが、規格には世界共通の規格が存在する一方、その国内でのみ通用するものも多いのです。例えば、日本の「軽自動車」や「第三のビール」といった規格もその例です。よって、各国の規格に合わせ、カスタマイズを行わなければ、その国では「規格外」になり、国内と同じようには使えない、または、売れないといった商品も多いのです。

そこでもう一歩踏み込んで、「各国の規格に応じたカスタマイズを行ったうえで販売できること」をウリにするのです。商品そのものというより「各国の事情に応じたカスタマイズ」を経営の柱にするわけです。

1秒でつかむ 儲けの★ツボ

国ごとに規格が異なることを「ビジネスチャンス」だと考える

お金の新常識 08

タダなのに商品の売れ行きを左右する〝印象のよい成分説明〟の秘策とは？

「こちらのサプリメントは、アラビア半島で百万年以上もの時間をかけて生み出された、天然の〝石油〟からつくられています！　まさに大自然の恵み！　大地の恵み！」

こんなCMは見たことがありません（笑）。

考えてみれば、石油もこのように大自然がつくり出した産物です。にもかかわらず、このようなCMがつくられないのは「石油」に悪いイメージが定着してしまっているからにほかなりません。さすがに、石油のイメージをひっくり返せるほどの表現がないためこのようなCMがないわけです。

商品の中には、印象のよい成分説明を加えることで「内容に変更を加えること無しに」ありがたみを高められるものも多く存在します。

例えば、昆布でダシをとった普通の「うどん」でも……、

「海洋ミネラル自慢！　〇〇屋手打ちうどん」
といった表現はどうでしょう？

代表的なところでは「化学調味料」という悪いイメージを払拭するために「うま味調味料」という表現を使うようにした例が参考になるでしょう。

身近な調味料である「塩」も、摂りすぎると高血圧や、血管へのダメージが連想されるため、以前は塩という表現を隠す目的で、「ミネラル」という表示を使用している商品が存在しました。現在では、消費者保護のため、塩の成分表示にミネラルという言葉は使えなくなりましたが「塩化ナトリウム」なら正式な名称ですからＯＫなのです。

【推薦書籍】「言葉ひとつで「儲け」は10倍！」岩波貴士著

1秒でつかむ 儲けの★ツボ

ありがたみが高いほど、人は引きつけられる

お金の新常識 09

「物」より「体験」が求められている

私がよく「形なき考え方が重要である」ことを説く際に用いる例え話に次のようなものがあります。

「第二次世界大戦後、形なき心理学を重視したアメリカは、物質にも恵まれ世界で最も豊かな国になった。これに対して唯物論を掲げ、形なき思想や宗教を否定し、物こそがすべてという姿勢をとったソ連は、なぜかその〝形〟すらなくなるに至った」

現在の20代を象徴する表現に「悟り世代」というものがあります。物欲がなくなり、遊びも活発ではなく、先のことを心配して貯金もする。人助けやボランティアには関心を示すといった感覚が「悟り切った人間」のように映るからです。物欲が減少した現代の若者がこれからどんどん増えるにつれ、物より「体験」を重視したビジネス戦略を取り入れることが重視されることになります。以下に体験をビジネスに取り入れた企業の例をご紹介いたします。

・大阪難波の「Ｐｉａｔ Ｔｈｏｒ（ピアットトーラー）」では、お皿に日頃の鬱憤をこめて力いっぱい投げつけられる体験型サービスを提供しています。

同じような発想で、アメリカでは、的を目がけて「斧を投げつけられる体験」を売りにしている施設が人気を博しています。……どこの国にもスッキリしたい人が多いようです（笑）。

・製造業の中には消費者に「工場見学」の場を提供し、ファンをつかむことに成功している企業も存在します。工場見学は一種のイベントのようなものですから、おのずとＳＮＳなどで拡散されることになりますので、ファンづくりと情報の拡散という企業にとってはプラスの要素が大きいアイデアです。

・京都の伊賀流 忍者道場「市川屋」は、忍者の聖地、伊賀で修行した本物の忍者が教える本格的な忍者修行の体験がウリ。道場は様々な仕掛けがある忍者屋敷で、忍者装束に着替えて、本物の忍者武器を使い、その昔忍者が実践していた修業ができるというもの。外国人に大人気の秘密は英語による案内。「体験型」＋「日本文化」

＋「外国人旅行客」の組み合わせによる見事なビジネスモデルです。

・ダスキンの代理店として17年連続増収を実現している株式会社武蔵野では、その仕組みを学べる体験型の指導を実施しています。特にユニークなのは、1日36万円で、小山社長の「かばん持ち」ができるという企画。

【推薦書籍】「1日36万円のかばん持ち―三流が一流に変わる40の心得」小山昇著

・体験が求められる時代は「自身の体験談」がビジネスになるということでもあります。講演家の齊藤正明氏は、過酷な「マグロ漁船」内での乗組員との生活を通じて得た貴重な経験を「コミュニケーションのあり方」に応用し、それを講演テーマにすることで、全国の企業から引っ張りダコの講演家として大成功しています。何か体験するなら「企業から呼ばれるテーマが作れる体験」がねらい目ですね（笑）。

【推薦書籍】「マグロ船で学んだ「ダメ」な自分の活かし方」齊藤正明著

1秒でつかむ 儲けの★ツボ

体験価値を提供する企画・サービスを導入する

お金の新常識 10

心の闇もビジネスになる

匿名性が生かせるネットにおいては、コンテンツ制作にも「素直な感情」を反映させることができます。たとえそれが、一般にあまり好ましくないとされてきた「批判的な感情」であったり「ネガティブな考え方」であっても、頭に浮かんだ想像物はブログなどの「作品」として「利用できる」点に注目すべきです。

例えば次のようなサイトがあったならどうでしょう？

嫌いな理由.com

今日の謝罪.com

なんとなく、見てみたくなりませんか？（笑）

サイト全体をそのようなテーマで構成するのはネタ集めに苦労しそうで、続けるのは難しいかもしれませんが、ブログの一つのテーマにはなるはずです。個人的には「ネガティブ系の好奇心」に訴える形で引きつけた後は、それをどのように肯定的な方向に転換するかのアプローチで、ブログを構成してほしいと願います。

例えば「嫌いなもの」や「嫌いな芸能人」を取り上げたブログなら、どのようにそれを克服すべきかなど、何かしらの「学び」につなげてほしいということです。

1秒でつかむ 儲けの★ツボ

ネガティブな感情でも頭に浮かんだものは作品化できる

3章

時代を先読み！

これから売れるもののヒント

ビジネスで成功する人は必ず時代の先読みをしています。

むしろ、時代の先を読めたから成功できたとも言い換えることができるかもしれません。

生活がネットとつながり、仕事がＡＩに置き換わる——。

本章では、このような時代に求められる「つながり」にまつわる新サービスのアイデアを中心にお伝えいたします。

これから売れるもののヒント01

“ネーミング”に注目する

有名人にオファーをかける場合、個人や無名の企業が直接お願いしても、なかなか相手にしてもらえないものです。そこで、さまざまな分野で「仲介役」を果たすビジネスを考えてみるべきです。

例えば、有名文化人や芸能人に「子供の名づけ親」や「商品のネーミング」をしてもらうための仲介を専門で行うビジネスの企画はいかがでしょうか？

名前は当人が一生使うものであるため、その由来は子供のメンタルにも影響を及ぼします。名前にお金をかけようとする親も多いでしょう。また、今日では、音の響きと印象にまつわる科学的な研究も進んでいるため、そのような専門家は商品開発や子供の命名のために仲介するビジネスにも需要があると考えられます。

仲介ビジネスの利点は「会社名」「団体名」がそのものズバリであれば、キャリアに関係なくビジネスがスタートできる点です。例えば「日本ネーミング仲介サービス」「日本命名者斡旋協会」といった名称です。

また、イベント名や団体名、街おこしなどのネーミングを行う場合、ネーミングの担当でありながら「○○氏も企画参加」といった位置づけにもなるため、イベントに「箔をつける意味」にもなります。

逆発想で、有名人を大勢抱える芸能事務所や出版社などは、登録タレントや作家などの副業として「特定の業務の仲介役」を受けつける旨をホームページに掲載するとビジネスに広がりがでます。不動産や金融業界では仲介に資格を有しますが「多くの業務は仲介に資格はいらない」点を再認識すべきです。人脈の多い方はぜひ「仲介業務」を業務欄に掲げてください。

1秒でつかむ 儲けの★ツボ

- ネットワーク時代の「仲介専門のビジネス」を検討する
- 業務欄に「○○の仲介業務」を掲げられないか検討する

これから売れるもののヒント02

リアル店舗で増える「QRコード決済」に目をつける

QRコードの利用は、商品の販売や、サイトへの誘導だけにしか使えないものではありません。YouTubeやブログで商品の広告を掲載した場合、紹介したユーチューバーやブログの管理人には「広告収入」や「アフィリエイト報酬」が入ります。これは、YouTubeやブログごとに、固有のタグが割り振られているため、どちらのルートから紹介を受けたかがわかる仕組みができているからです。

それと同じように、QRコードを利用した決済が日本でも活発になれば、サイトごとに固有のQRコードを提供させることで、今後は、ネットから誘導し「リアル店舗で商品が購入された場合にも」紹介者に報酬が入る、何らかの「新しい仕組み」が使えるようになるでしょう。つまり、これからの時代は……、「ネットでの〝紹介力の強い人〟がますます収入を増やせる時代」になるということです。

そのためには、上位表示されやすい「強力なサイト」を今から育てておくことです。具体的には、Googleから高評価を得られる「良質な記事で構成されたブログ」など。これにより、今後の「QRコードの普及」を自身の「報酬の増加」に直結させられることでしょう。

1秒でつかむ 儲けの★ツボ

「新技術の普及」を見すえた「仕込み」を進めておく

これから売れるもののヒント 03

撮りたくなるQRコードにする

バーコードやQRコードのデザインは、どれも似たようなものになりがちです。しかし、そこにデザイン性を加えることで商品の注目度を高めることができます。しかも、QRコードの場合、写真を撮らせることは自社サイトへの誘導と直結します。さらに、思わずSNSなどで紹介したくなるユニークなデザインを施せば、拡散により広告効果は激増です。

この意味にお気づきください。

ＱＲコードのデザイン会社を活用しましょう。

◎検索キーワード⇓「ユニーク ＱＲコード」「ユニーク バーコード」で画像検索

例えば、黒ビールのギネス社のＱＲコードの仕掛けが入ったグラス。「通常のビール」では色が薄くて読み取れませんが「黒ビールのギネス」ならＱＲコードが読み取れます。よって、それを確かめたくなるためギネスの黒ビールがお店で売れるという仕掛け！（笑）

このような解説とともに、消費者がどんどん自社のＱＲコードを拡散してくれることになるのです。「デザインＱＲコード」恐るべし！

1秒でつかむ 儲けの★ツボ

「ユニークなデザイン」の持つ拡散効果をビジネスに生かす

こちらは一般的なQRコードの例

これから売れるもののヒント04

インスタ映えする対象に「QRコード」を埋め込む

人間が思わず写真を撮りたくなる対象を連想してみましょう。もしそこに関連性のある情報が得られるQRコードが入り込んでいたなら、撮影者がホームページに人を誘導してくれる形になります。

ある日私が都内を歩いていると、小型の馬である「ポニー」を引いて歩いているおじさんに出会いました。街でポニーを間近で見る機会などほとんどないため、ポニーの周りには人だかりができていました。当然ながら、集まった人はスマホで写真をパチパチ撮っていました。

ポニーの背中を見ると、そこには「動物愛護団体」の簡単なメッセージと「QRコード」が掲げられているではありませんか！

思わず私は「やられた！」と思いましたが、同時に凄いアイデアを考えたなと感心させられました。

ＱＲコードと何らかの対象を絡める場合、撮影の対象になるものなら何でもよいというものではありません。そこには、何らかの「共通点」や「必然性」と「メッセージ」との組み合わせが必要になります。

1秒でつかむ 儲けの★ツボ

自社のサービスと関連のある「人気者」にＱＲコードを掲げる

これから売れるもののヒント 05

キャッシュレス対応にする

ビジネスを考えるうえで、経営者が日頃意識するものは商品選びや集客、受注の確認や配送といったものです。一方「決済のしやすさ」や「決済システムの再検討」などには関心が及びにくいものです。しかし、多様化する決済方法に対応できる体制を整えておくことは、お客様を取りこぼさないためにも重要です。

コイニー株式会社は、お店のキャッシュレスサービス「Ｃｏｉｎｅｙ（コイニー）」

を提供している企業ですが、一つの端末で、クレジットカードも、電子マネーも、QRコード決済もできる魅力がうけ、ユーザーの獲得に成功しています。

これまでカード決済をしようとした場合、読み取り端末のレンタル料や、導入までの日数がかなりかかったことなどが難点でした。しかし、技術の進歩によりカードの読み取りだけでなく、さまざまな決済に対応できるようになったため、今後の店舗運営はこのようなサービスの導入が必須になることでしょう。

まずは、そのような時代になってきた点と、それに対応した新しいサービスの出現に敏感になることが大切です。

というのも、お客様が他店を選んだ理由が、単に他店の店頭に「電子マネー決済OK」の表示があったことが決め手になるようなケースもあるからです。また、カード決済を希望するような商品は、ある程度の高額商品であることが多い点も意識すべきです。つまり、カード決済できる状態にしておかないと、大きな買い物をするお客様を取りこぼす原因になるということです。

決済システムの進化にも敏感になる

これから売れるもののヒント06 生活の中の「ありきたり」なデザインに注目する

バーコードやQRコードのデザインもそうですが、生活の中の「ありきたり」なデザインに気づいたなら、それは商品につなげるチャンスです。以下に参考例をご紹介いたします。

ウォールステッカー

シルエット系は注目されるデザインでありながら単色で制作できる点も魅力です。

東洋ケース株式会社
TEL：075-313-5961
https://www.toyo-case.co.jp/

そこにいたの!? ノートで遊ぶ 猫ふせんの会

四角いただのふせんではなく、こんな遊び心のあるふせんなら、ついつい使いすぎてしまうことでしょう。

猫のデザインの印鑑 ニャン鑑

市区町村により判断は異なるようですが、デザイン性がシンプルなものは実印登録も可能な点も嬉しいです。一般の印鑑でさえ読めないほどアレンジした文字が多いのも登録を認めざるを得ない理由の一つかもしれません（笑）。

特に、平面のデザインだけで商品化が図れる「シール類」「ステッカー類」は、製作費が安くすませられる商

フェリシモ猫部

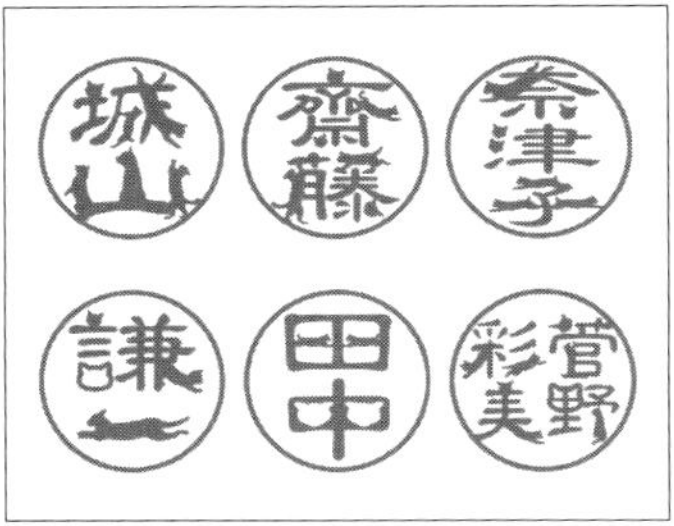

城山博文堂

品の代表です。デザインセンス一つでヒット商品がつくれます。ユニークなデザインを思いついたなら、製造代行業者を使い製品化させ、アマゾンなどの販売サイト経由で全国展開してみましょう。デザイン性がウリの商品は、SNSなどで拡散させやすい点も今日的な商品といえます。平面なのでかさばらない点は大いに注目すべきです。

◎検索キーワード⇓「変形シール　製造」

1秒でつかむ 儲けの★ツボ

安くつくれて拡散しやすい「平面商品」を考える

これから売れるもののヒント07 その時代を象徴する道具を扱う

よく用いられるビジネスのたとえ話に、経営の神様と称される松下幸之助さんでさえ、もし今の時代に「漬物用の石」の販売を手掛けたなら売れずに困るでしょう、というものがあります。時代に合わないビジネスでは、どんな天才でも儲からないという例えです。時代に合わせる考え方の一つが「その時代を象徴する道具」を扱うということなのです。

その時代を象徴する道具の普及につとめるために、その道具自体を販売するのもよいでしょうし、その道具を利用したサービスを展開するなどが、ビジネスを時代の流れに乗せる王道の一つになるのです。

情報化の時代は、体を使う仕事より、情報の加工にまつわる仕事を選択することによって、自身は「通常の努力」でも「通常の努力以上の時代の後押しによる恩恵」を受けることができます。業界の伸び率が、世の中の平均より年10％高い業界に身を置くのであれば、それだけで、同じ努力でも他の業界より10％多く利益を得られるというわけです。

車の時代と呼ばれた20世紀は、輸送分野の仕事が活発になり、革命的に流通が発達しました。同様に今の時代、携帯電話の代理店なら誰が運営しても、そこそこの集客が見込めるのも、時代にマッチした道具を扱ったビジネスだからです。

1秒でつかむ 儲けの★ツボ

〝時代を象徴する道具〟を絡めた仕事をする

これから売れるもののヒント 08

「カスタマイズ」できるものが売れる！

21世紀は「個人の時代」と呼ばれるようになりましたが「個人の時代」とは「個別の時代」でもあります。そのため「個人の希望通りの商品」や「個別のサービス」が求められることになります。

一人カラオケや、一人焼肉のお店などがヒットするのも「個別の時代」だからです。同じ規格の商品を大量に生産販売することを得意とする大企業はそのような動きができにくいため、その意味でも、これからの時代は、小回りの利く小規模経営や個人ビジネスでの成功者がでやすくなる時代といえます。

また、個人の時代を象徴するキーワードは「私」です。

私の考え方を商品に取り入れられる工夫が施された商品が売れるようになります。

つまり「カスタマイズ性」や「拡張性」を重視した商品が売れます。

「カスタマイズ性」や「拡張性」と同様に個人の時代は「分けて使える」「組み合わせられる」「取り換えられる」といった、自分の意思で変えられる、動かせるといった要素を取り入れた商品が求められる時代になります。

身近なカップラーメンを例にすれば、次のような「ありそうでなかった進化系カップラーメン」の新商品がヒットするのではないでしょうか。それは……、カップに麺だけが入った「プレーンヌードル」です。
「新カテゴリー」という位置づけもできますので、先行者利益を得るためにも、ぜひ「プレーンヌードル」で商標登録してしまいましょう！（笑）
パッケージデザインを変える必要がないため、粉末スープの開発に予算を回すことができ、これまで以上に好みに応じたスープが選べるようになります。

また、麺とスープは別企業のものでも組み合わせることができるので、スープ専門、麺専門で参入することもできるようになります。その点からもより「自由度」が増すことになります。

これは、麺とスープを別売する「分割」の発想ですが、麺のほうは1つか少数で済みます。そのため「製造管理」や「ロジ（流通在庫管理）の問題」を軽減できる点が、売り手側の最大のメリットになるでしょう。

1秒でつかむ 儲けの★ツボ

商品の「自由度」を高めることを意識する

4章

どうやって儲けているの？
あのビジネスの「仕組み」

例えば、輸入した商品を日本で売る場合、事業者は通常通り、消費税を納める必要がありますが、日本にある商品を輸出するのであれば、逆に「消費税の還付」が受けられます。

つまり、輸出ビジネスは、憎まれ役の「消費税の仕組み」を「儲けの仕組み」に転換できるビジネスというわけです。

本章では、このような「言われないと気が付かない」ビジネスの「仕組み」や「仕掛け」を、これからの時代に使いやすい「ネットビジネス」のネタを中心にお伝えいたします。

あのビジネスが儲かる仕組み01

「お友達割引券」はなぜ損にならないのか？

ビジネスで重要なことは「お客様を集めること」。

ですが、これこそがビジネスの難しさでもあります。

お客様が営業マンのように、自社のサービスや商品を宣伝してくれる仕組みができれば、それはとても賢いビジネス展開といえるでしょう。

ましてや人手不足が叫ばれる今日ですので、これからビジネスを始める場合、そのようなアイデアが使えるビジネスかを検討することは「勝ち残れるビジネス」を選択することに直結します。

以下にアイデアの活かせる展開法をご紹介いたします。

・お友達用の割引券も配布作戦

お客様に割引券を配布する際「お友達用の割引券」を配る作戦です。封書で割引券を同封する際は「ぜひお友達にもこちらの割引券をプレゼントして下さい」と一言添えるだけで、実質「お客様を営業マン」にすることができます。広告でよく使われる「ご家族ご友人をお誘いの上ぜひ……」も同様に大切な一言です。

・ブランド品の販売

需要が多い分、購入したお客様ばかりでなく、ファンにとって販売店の存在は、それ自体が関心事であるため、すぐに「取扱店一覧」といったネットの記事がつくられ、お店の存在を知らせる協力をしてくれることになります。

・マニアショップ

ブランド品以上に熱狂的なファンのいるマニア相手のビジネスは、ブランド品と同様ですが、ファンサイトで紹介されますし、専門雑誌などがある場合、広告費をかけずに記事として取り上げられるなどの利点があります。

・紹介手数料ビジネス

いわゆるネットワークビジネスに代表されるような「紹介した相手が商品を購入してくれた場合、商品価格の○％が紹介者の報酬になります」式の販売方法もこれ。実際に使用して「良さをわかっている方からの紹介」になりますから説得力が違います。

・商品自体に仕掛けを施す

商品に意外性のあるユニークなデザインを施したり、ミスマッチな商品を売り出すことでネット上での拡散を図ることができます。

1秒でつかむ 儲けの★ツボ

お客様を「営業マン」にする発想で集客をおこなう

あの
ビジネスが
儲かる
仕組み
02

スマホで売り上げが下がった写真屋さんが復活した理由

カメラのキタムラでは、就職用の証明写真の撮影に特化したサービスを始めました。これは「就職活動」という競争下に置かれた人間を囲い込むことのできる優れた戦術です。というのも、「就職活動」などの競争に勝つための欲求は「生存競争の欲求」に近い強烈な欲求だからです。

ビジネスの基本は「代行したことに対して代金を得ること」です。つまり、お客様の欲求を叶えるための商品やサービスを、お客様に代わって（代行）、つくったり提供する見返りに、それに対応する代金を得るのがビジネスです。

そのため、高い報酬を得るためには「高いお金を出してでも得たいほどの欲求」に見合う商品やサービスを提供することが必要になります。

人間の欲求には「生理的欲求」や「社会的欲求」などさまざまな分類があります

が、ビジネスで重要なのは、自社の提供できる商品やサービス、または技術などを「より多くの収益を上げられる欲求」と絡めて提供することなのです。

つまり「はきもの」を手掛けるのなら、日常利用する靴を手掛けるより「競技用」のシューズの開発に特化し「勝つためのシューズ」を提供するほうが、利益を大きく増やすことができるのです。このように、手掛ける商品を「競技用」「業務用」といった「生存競争」の渦中に身を置く人や、「ステイタス」を求める人をターゲットにしたものにすることで、効率のよいビジネスを行なうことができるということです。

1秒でつかむ 儲けの★ツボ

より「強い欲求」に対応させて収益性を高める

あの
ビジネスが
儲かる
仕組み
03

「口コミ」したくなる商品には仕掛けがある

キッコーマンの「しぼりたて生醤油」が発売されて以来、我が家では醤油といえばキッコーマンの「しぼりたて生醤油」を意味するまでの定番調味料となりました。特徴は、酸化を防ぐための特殊な密閉容器を採用することで長期間味の劣化なしに使える点です。

しかし、この醤油を使い始めてすぐに気づくことがありました。それは、この密閉容器、醤油を注いだあと、手をゆるめると……

「ピーッ！」

「ピーッピーーーッ」と、笛のような音が出るのです！

二重構造らしき設計のため、手をゆるめると容器の中間部分に空気が吸い込まれ、その音が「ピーッ！」と出るのです。

醤油を使うたび食卓を沈黙させる「妙な音」……。

気になったのは私だけかと思い「生醤油　音」をキーワードにネット検索すると、動画も含め、たくさんのページがヒットするではありませんか！（笑）。

やはり、使った人の多くが不思議に思ったのでしょう。このようなことはメーカーさんも発売するに先立って気づいていたはずです。ということは……、キッコーマンさんが、自社商品を印象づけ「口コミ効果」を期待するために仕込んだ新手の商品戦略なのかもしれません。そんなふうに考えてしまうのは私だけでしょうか？？？

この事例は、偶然そうなっただけかもしれません。しかし、消費者が情報発信できるようになった今日、商品の開発段階から話題になりそうなデザインやネーミング、そのほかの仕掛けを施すことにより、商品の認知度を高めることができるということです。

1秒でつかむ 儲けの★ツボ

ネットでの口コミ効果を期待できる商品開発を行う

ネットビジネスではこれまで使えなかった「武器」が使える！

コンテンツビジネスには４つの特長があります。

【独占性】…オリジナルの作品は著作権により守られるため、制作した作品はすべて「独占権のついた商品」という位置づけになります。

【再利用性】…一度制作してしまえば、二度目からはそれを再利用できます。

【再加工性】…再加工、再編集などのアレンジも自在にできるため、商品という価値のほか「素材」としての価値も有することになるのです。

【マルチメディア性】…たとえば、CDやDVDとして発表するほか、ネット上での配信や、テレビ放映など、さまざまな媒体に形を変え提供できるということです。

YouTubeだけを例にしても「文章作品」という1つのコンテンツをもとに・・

①本人が言葉で解説する動画作品（ユーチューバー）

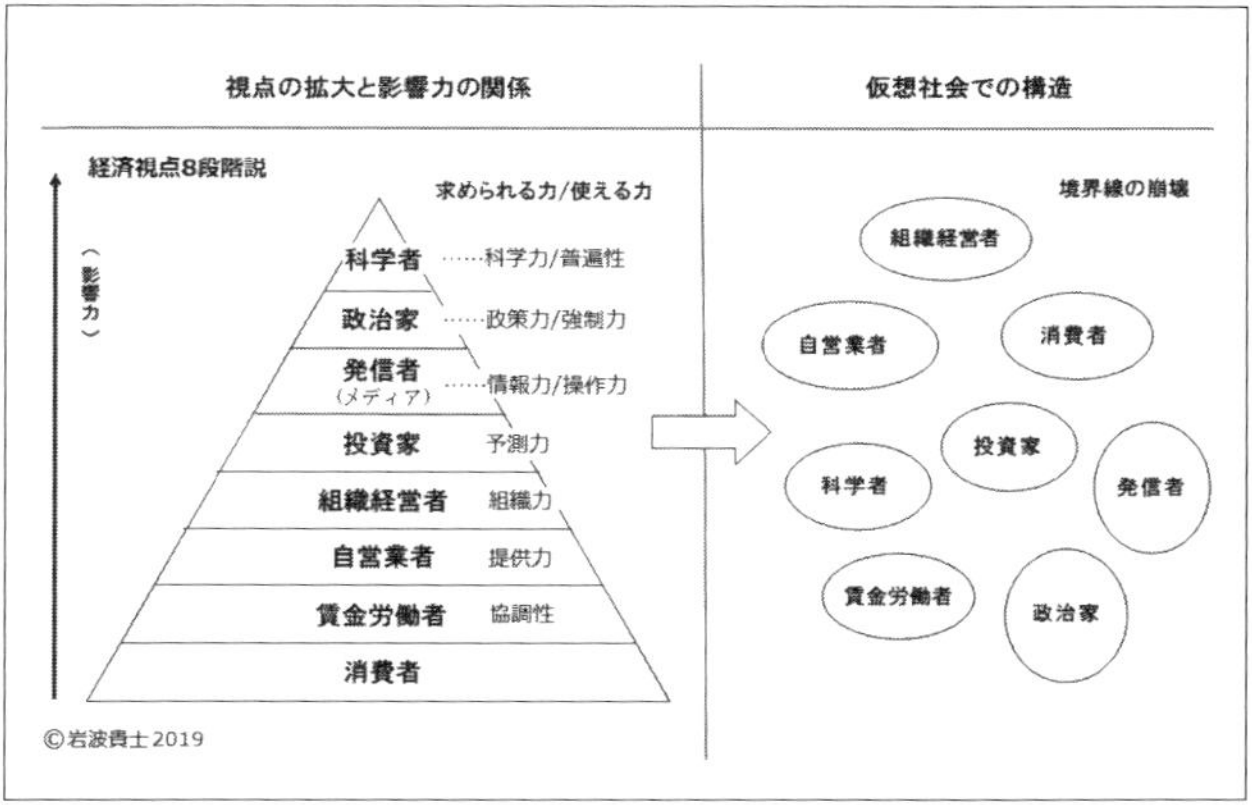

②文字をスクロールさせながら読み上げる作品（スクロール・ユーチューバー）

③バーチャル動画が解説してくれる作品（Vチューバー）

　このように、さまざまなスタイルで「再利用」「再加工」ができるというわけです。

　上の図が示すように「仮想社会」においては、これまで個人レベルでは使えなかった、さまざまな「武器」が使えるようになる点に大注目すべきです。YouTubeやブログの出現は、個人が「メディア」という武器を持てた例になります。

　リアル世界では、経済視点（目線）は、おもに次のような段階を踏んで、より影響力の大きなものを獲得するように成長拡大していくものですが、仮想社会では個人レベルのままで、各段階の「武器」を活用することができます。

例えば、組織経営者的な立場はネットワークを使うことにより、また、政治家的な強制力は、コミュニティー内の規約やシステム管理といった形で利用者を強制的にコントロールできるなど。仮想通貨の出現は、これまで国家が行ってきた通貨の発行を民間が実施した例といえます。

経済意識の成長に伴う視点の拡大順序と各段階における欲求（不満）の変化は次のようになります。

【消費者】………提供の要素がないため収入が得られない立場

↓

⇓収入のないことへの不満

【賃金労働者】…他者の企画に対し労働力を提供することで収入が得られる立場

↓

⇓主導権のないことへの不満、協調性要求への不満

【自営業者】……自らの責任と企画にもとづく運営の自由が得られる立場

←

【組織経営者】…労働力や資本の外部調達により大規模な事業が行える立場

⇓収益効率への不満、社会参加への自由度のなさへの不満

←

【投資家】………予測による選択だけで収益と社会参加が期待できる立場

⇓予測に留まり自身で社会をコントロールできないことへの不満

←

【発信者】………メディアは人の判断材料である情報をコントロールできる立場

⇓不確実な期待にとどまる点への不満

←

【政治家】………法による強制力とともに社会政策や予算の配分を決定できる立場

⇓権力によっては変えられない力の存在への不満

←

【科学者】………世代を超えて影響する自然法則や節理、原理原則を扱う立場

⇓創造主に比べ人類のもつ力の小ささに対する不満

ホリエモンこと、堀江貴文氏が、メディアの買収や選挙への立候補、宇宙開発などの分野に興味を寄せるのも、この経済意識の成長に伴う、順調な視点の拡大がされた結果だといえます。その意味で堀江氏は、極めて健全な成長過程を踏んだ方だ

といえます。

【推薦書籍】「儲けたいなら科学なんじゃないの？」堀江貴文・成毛眞著

要点は、ネット上の「仮想社会」をビジネスステージにすれば、これまでの三次元的な縛りや境界線の壁のない、極めて「自由度の高いビジネス」が展開できるということです。また、リアルビジネスを手掛ける場合も、ネットワークやＡＩの力を取り入れることが今後ますます必須の条件になります。まずは情報弱者にならないために「情報に関心を寄せる姿勢」が大切になるということです。

1秒でつかむ 儲けの★ツボ

- **仮想社会の「自由度の高さ」を最大限に活用する**
- **コンテンツの持つ「4大特性」をビジネスに生かす**

あの
ビジネスが
儲かる仕組み 05

クリックひとつが広告収入になる

アドセンス広告は、ブログやホームページでよく見かける広告です。また、アドセンス広告ビジネスは、サイトの閲覧者が、この広告をクリックすることで、Googleから広告収入が入る仕組みのビジネスです。商品自体は売れなくてもよく、広告がクリックされれば報酬が得られる「クリック報酬型」の広告と呼ばれるものです。

アドセンス広告の仕組みが画期的なのは、表示される広告の内容が、閲覧しているスマホやPCによって異なるという点です。スマホやPCの「閲覧履歴」に基づき、いま閲覧している人が興味を示すであろう広告をGoogleのAIが「自動選別」して表示する広告システムなのです。その点が、誰にでも同じCMを見せるテレビ広告と異なる点です。ネットで広告収入型のビジネスを行うのであれば、このグーグルアドセンスを利用した「ブログ」「YouTube」ビジネスが最も堅実な方法です。

実践者としての私の手ごたえは、およそ書き溜めた記事が１００記事ぐらいになれば、月平均30〜70万円ほどになるビジネスモデルだと考えます。記事が増えれば増えるほど報酬も増えるビジネスですから頑張りがいもあるでしょう。そのため「いかに効率よく良質の記事を多く書くか」が、このビジネスの課題になります。

書き慣れるまでは大変ですが、ブログは隙間時間を利用して書くことができるため、副業（または本業）として、とてもおすすめです。スタートするためには、まず、アドセンスの申請方法から学ぶことになります。

【アドセンスの詳細】⇓「アドセンス ブログ 仕組み」や
「アドセンス ブログ 始め方」などで検索

1秒でつかむ 儲けの★ツボ

頭のよいGoogleと組んで仕事をする

あのビジネスが儲かる仕組み06

ブログは「アクセス」が集まるほど収入も上がる

ブログのアクセス数が重要だと言われるのは、アクセス数が上がれば、それだけアドセンスへのクリック数が増えるからです。では、アクセス数の高いブログをつくるにはどんなテクニックがあるのでしょうか。

◎無料ブログは更新をやめた場合、すぐに検索結果のランキングが下がるので利用しない。「独自ドメイン」を取得し「Wordpress」を利用して運営する（鉄則）。

◎「キーワードの需要」や、組み合わせて検索されやすい「複合キーワードの候補」「過去の需要の推移」などがリサーチできる「goodkeyword」などのサイトを利用し、記事タイトルの候補をみつける。検索キーワード⇒「goodkeyword」

◎利用すべきキーワードは、①安定的に検索されやすいキーワード（定番のキーワード）や、②毎年特定の時期になるとアクセスが増えるキーワード（周期性のあるキーワード）を利用することです。周期性のあるキーワードで記事を書き残しておく価値は、来年もその時期になれば、アクセスが集まるためです。

◎狙いをつけた複合キーワードは、タイトルの左側、つまり頭の部分に集中させる。タイトルの後半は、クリックしたくなる「バズる単語」などを入れて注目させる。

【推薦書籍】「100倍クリックされる 超Webライティング バズる単語300」
東香名子著

◎記事は投稿してすぐには上位表示されないため、周期性のあるキーワードを利用する場合は、アクセスの集まる時期の2カ月程度前に記事を投稿しておく。

◎更新回数は極力多くする。しかし内容の薄い記事なら更新しないほうがよい。

「Wordpress」の特性として、ブログの記事が100記事程度たまるまではサイト自体がGoogleから評価されず、アクセス数が伸びないが、それ以降は収益が伸びるようになるため、それまでは投げ出さず続ける。アドセンス広告ビジネスには、この敬遠されやすい「参入障壁」がある点もプラスに評価できるのです。

◎Wordpressのテーマ（デザインのこと）は、SEO対策的に強いものを利用する。

◎ブログへの訪問者の滞在時間を延ばすために頭を使う。閲覧時間の長さは、Googleのサイトの評価であるためです。つまり「長い時間読まれているページは価値のあるページ」とGoogleが、ページの評価をするため。

◎読者の閲覧時間を長くするために、YouTubeから関連する動画を探しブログに掲載する（重要）。また、記事も、あっさりした記事ではなく、文字数は1500文字以上を目標に、3000文字程度までで一つの記事を書く（私の場合2019年5月現在2000~3000文字を基準にしています）。

◎写真やイラスト、効果的なアイコンなども利用し、文字も、フォントのサイズや装飾、行間などに工夫し、訪問者を視覚的に楽しませ、ページから早くいなくならないような内容にする。

「お客さんを集める」ことより「調べものをしている人を集める」ことのほうがはるかに簡単です。それは世の中にいる「買いたいものを探す人の数」より「何かを知りたい人の数」の方が圧倒的に多いからです。

また、自分なりに記事の書き方を確立した後は「ランサーズ」や「クラウドワークス」といった、クラウドソーシングサービスを利用し記事を外注するのもよいでしょう。

※私の実践記録など詳細は、本書の「読者特典」の方で詳しく解説しております。

1秒でつかむ 儲けの★ツボ

販売モデルのほか
「広告モデル」のビジネスを学んでおく

あのビジネスが儲かる仕組み07

ブログやユーチューブのビジネスが画期的な理由とは？

アドセンスの広告ビジネスには、リアルビジネスと比べ次の利点があります。

・通勤や移動することもなく
・資金繰りや代金未払いの心配もなく
・利益に直接繋がらない「在庫の管理」や「経理」に頭を悩ませることなく
・社員教育や職場のコミュニケーションに悩むこともなく
・納期の心配もなく
・接客など人と会う必要もなく
・メールでの打ち合わせも必要なく
・営業時間すらまったく自由

このような特徴をもつ夢のようなビジネスモデルであるといえます。会社勤めの

自分の分身に働かせる
（ 過去の自分に働き続けてもらう仕組み ）

方なら、上記の項目のどれかしらで、つらい思いをした経験が必ずあるのではないでしょうか。さらに、Googleからお金を得るスタイルのため、Googleがお客様であり、その意味ではもはや「集客すらいらない」のです。

　このような「最大限に省略されたビジネスモデル」を使えること、いわば「優位性のあるビジネスを手掛けていること」を自覚することが、ブログの記事づくりを維持させるためには必要だと考えます。

　日々書き溜めた記事は「労働者としての自分の分身」です。言い換えれば、記事を増やすことは「労働者としての自分の分身を増やすこと」と同義です。通常「自分は一人しかいない」と考えますが、ブログの記事は、インターネット上にアップすることで労働者と同じように営業活動をしてくれるものです。その意味では書き溜めた記事は「労働者としての自分の分身」です。

表現を変えれば、これは「過去の自分に繰り返し働いてもらう仕組みづくり」です。つまり、ネット上に記事を書き溜めていくことは「自分軍団」という「労働組織をつくっていく過程」と捉えることができます。このようなイメージをもつことで、記事を書くという孤独な作業でも「続けないわけにはいかない！」という気になるのではないでしょうか？

1秒でつかむ 儲けの★ツボ

アドセンスビジネスの革新性を理解し継続させる

あの
ビジネスが
儲かる
仕組み
08

情報は分類するだけでも「新たな価値」になる

「まとめブログ」を見て、何か疑問に思ったことはありませんか？

そうです、他人の記事をまとめただけで、広告収入を得るなんてズルいのではないか。なぜ、それが許されるのか。Googleはなぜ、そのようなサイトの存在をみとめているのか…そのような疑問を多くの人は抱いているはずです。

しかし、情報のチョイスや、まとめかたには「センス」が反映されるため、その編集の仕方と、解説の仕方などにも、法律は「編集著作権」を認めているからなのです。ただし「あまりにも」といった、掲載の「必要性」や「必然性」を超えた引用は権利侵害になります。

記事が書けないという人は、このように編集センスの方を鍛えてみるのはいかがでしょうか。編集メインの作品であっても、作品は作品ですから、今日的なコンテンツビジネスの一つにできるということです。

ノウハウコレクターが成功する秘訣もここにあります。ノウハウコレクターは、集めたコレクションを自分のセンスで分類することで、新たにコンテンツが作れるわけですから、分類した瞬間にコレクターから作家に変身できるということです。

私は読書やネット情報に触れる際、次のような考えで臨んでいます。それは…

「世の中の活字はすべて俺のもの」

「五・七・五」でまとめてみましたが、つまり、すべての情報は、自分のフィルターを通し、加工や意見を加えれば、自分のオリジナルのコンテンツにできるということです。もちろんそのまま使うのは権利侵害になりますのでいけませんが、あらゆる情報は「作品の素材」としての意味をもつものです。貪欲になりましょう。

1秒でつかむ 儲けの★ツボ

「一人の作家から盗むと盗作だが、たくさんの作家から盗むと研究になる」（劇作家 ウィルソン・ミズナー）

あのビジネスが儲かる仕組み09

"ランキングサイト"が続々と生まれるワケ

ブログなどのコンテンツから、自分の携わっている別のビジネスに集客したいのであれば、そのビジネスに関心のある人が興味を示すであろう「別のこと」を推測し、そのテーマで記事を書き、文章の間で「それとなく」リンクを貼るなど、自然な流れになる記事を書くとよいでしょう。

特定の世代に人気がある商品なら、その世代が関心をもつ「別のテーマの記事」から誘導するといったテクニックも応用例の一つになります。例えば「老人向けのオムツ」を手掛けているメーカーなら「車いすのランキングページ」をつくり、そのなかで自社商品の紹介をするのでもよいわけです。このように、まずは自社の商品やサービスに関心を示すユーザーの「属性」を把握し、関連するテーマを考え出すことが必要になります。

例えば、アクセスを集めやすい記事に「ランキングの記事」や「まとめ一覧」の記事があります。人間はランキングや、まとめてくれている一覧の記事をありがたく思うためです。そのため、自身の携わる仕事や商品と「属性が関連した別のテーマ」で何かのランキングの記事を書き、そのランキング記事の最後で、それとなく自身の仕事や商品を紹介したりするなどの方法も利用すべきでしょう。

ランキングページを上位表示させるためには、サイト全体の記事数を多くすることで、まず、Googleからの「サイト全体の評価」を高めることです。サイト全体の評価が高まれば、同じ完成度のページであった場合、ネット検索された際、こちらのページが上位表示されることになります。細かい技術はここでは省きますが、基本は良質の記事をたくさん更新することがサイトの力を強める最大の秘訣です。

1秒でつかむ 儲けの★ツボ

リアルビジネスが成長するためにも ネットビジネスを学ぶ

5章

ちょっとした差でつくられる！儲けの思考回路のつくり方

人間の進歩や成長とは、制限や制約といったものを無くし「自由度を高めていく過程」であるといえます。言い換えれば「できることを増やしていく過程」が進歩や成長であるといえます。ビジネスで、自由度を高め、できることを増やすためには、まず「戦略的であるか」を意識することです。

本章では、ビジネスの戦略や戦術といった「キモ」の部分の解説とその応用法、改善法などをお伝えいたします。

儲けの思考回路の作り方01

「王道の販売法」いくつ知ってる？

王道の販売手法であるにもかかわらず「うちでは使っていなかった！」というケースが実は多くの企業で存在します。王道で「いまさら……」という手法かもしれませんが、効果が実証済みのもの。それこそ、使っていないのならかなりの損をしていたことになります。

・「松・竹・梅」による中間の商品を売りやすくする販売法

人間は一番下のグレードのものを選ぶことには抵抗があるため、中間のものが選ばれやすくなる心理を応用します。例えば、やや高い商品を売りたい場合、その商品よりさらに高い商品をラインナップに加えるなどの方法です。

・「おひとり様3個まで」とする販売法

このワンフレーズで、権利を上限まで使いたいと考える人間心理がくすぐられ、通常なら1つしか売れないような商品でも3個まとめ買いされやすくなる販売法です。

・「**クロスセル**」**販売**

ハンバーガーを注文したお客様に「ご一緒にポテトはいかがですか？」と勧める販売法です。「購入した今だけ、こちらの商品も50％off」といったネット広告も多くなりました。お亡くなりになった方の奥様に「天国で困らないように替えのズボンもいかがですか？」と声かける仕立て屋のアメリカンジョークもあります（笑）。

・「**アップセル**」**販売**

「どうせならこちらの商品のほうが長い目でみればお得です」といったスタイルで、初めの希望よりグレードの高い商品を勧める販売法です。

・「**フロントエンド商品とバックエンド商品**」**を用いた販売法**

まずは「無料の案内書」や「サンプル商品」「低価格の商品」など〇Kしやすい

フロントエンド商品で誘い、その後、本来売りたい収益の大きなバックエンド商品につなげる販売方法です。フロントエンド商品の使命は、メールアドレスや住所など「その後に連絡を取れる状態にすること」にあります。

- **「無料」で誘い「限定」で急がせ「信頼」でつなげる販売法**

これが人を振り向かせ、申し込みをさせ、固定客化させるまでの基本的な流れになります。限定で急がせるのは、急がせないと「忘れる」という人間心理があるからです。

1秒でつかむ 儲けの★ツボ

「王道」には実証された効果があり、時代を超えて使える

儲けの思考回路の作り方02

営業がしやすいのは〝人〟？ それとも〝企業〟？

有名なたとえに、アメリカがゴールドラッシュに沸いていた時代に、最も手堅く稼いだのは、金を掘り当てにやってくる人を相手に、ジーンズやスコップを販売した業者だったという話があります。

人が商品を買う際、出費への抵抗が生じるものですが、商売をするにあたっての必要となる道具や原材料の購入に対しては、出費の抵抗はほとんどなくなります。それを購入することが自分の利益につながることが意識できているからです。

また、商売道具を扱う大きな利点は、その商売をしている企業が、電話帳などですでに一覧化されている点です。一般消費者相手のビジネスでは、お客様になる人がどこにいるかが分からないため、広告費がかかるのですが、企業などの商売人を相手にする場合、広告費を掛けなくてもダイレクトに営業がかけられるからです。

このように「リストが入りやすい対象」をターゲットにできるビジネスは営業先を見つける努力を軽減できるのです。企業などの商売人を相手にするビジネスを「B to B」と呼びますが、B to Bの場合、相手の経営内容がわかる分、個人を相手にする「B to C」の営業より、営業の際に使う言葉を選びやすいものです。

1秒でつかむ 儲けの★ツボ

「リストが入りやすい」法人を相手にしたほうが商売はしやすい

儲けの思考回路の作り方03 ビジネスチャンスを見つけたら〝語学力〟は気にしない

発展途上国では、先進国で発生した現象が、数年後にそのまま時間をズラしただけのように発生することが多いものです。そのため日本では、すでに普及しきった商品やサービスでも、それらの国では「これから」という段階にあります。このタイムラグの存在をチャンスの山のように考えられないのは日本人の「語学力の問題」

に由来します。

多くの日本人にとって海外進出といえば「言語の壁」が参入障壁になり、他人事のように思いがち。ですが裏を返せば、言語の壁を払拭できるパートナーを探すだけで「多くの日本人と差別化が図れる」ということでもあります。

語学の問題を解決するパートナーを得る努力は、グローバル化する今日において、費用対効果の高い努力です。自力で自分の語学力を鍛えようとする努力は、とても費用対効果が悪い選択です。語学に関しては「他力を活用する」視点を持つべきでしょう。

語学力を補うというと、通訳を雇うことを連想しがちですが、例えば、秘書センターのサービスの中には、外国語対応のスタッフを常勤させている企業もあります。そのような企業を活用し海外系の案件を手伝っていただく方法でも語学力を補うことはできます。

また、今後はＡＩや翻訳機器の性能向上に伴い、海外展開が楽になりますので、それを視野にした準備をしておくことは「道具の出現とともに成功を一気に手に入れる準備」ともいえる着眼です。急に成功したように見える経営者は「そうなるに値する準備」をしてきた人です。

1秒でつかむ 儲けの★ツボ

語学力は「他力で補う」視点でビジネスチャンスは広がる

儲けの思考回路の作り方 04

心に届く「類比」と「対比」W活用の説得術とは？

「賃貸物件の家賃は〝掛け捨ての保険〟と同じ。何年払い続けても手元には何も残りません」
「賃貸物件は定年後も心配。持ち家があればご夫婦ともに老後は安心」

これらは、何気ない二つの文章に見えますが、初めの文は共通点のある身近な別の話と「類比」させた内容であり、次の文は、心配と安心という、結果として「大きな差」が生じることを示す「対比」の内容が用いられています。つまり……

①「類似する例え話」で心を開き
②「結果の対比」で心をつかむ

…という展開がされているのです。

説得は、相手から「ハイ」や「なるほど」の感想をいかに多く集められるかが大きなポイントになります。そのため文章や営業トークの中で比較を用いる場合も「類比」と「対比」の両方を使えば、それらを多く言わせることにつながります。

「類比」と「対比」の2つの比較で説得力は高まる

儲けの思考回路の作り方 05

戦略とは「○○」である

これから新しい企画をスタートするのであれば、次の考え方を強く意識するべきです。

それは……

戦略とは「省略」である。

これは、戦略に対する私の考え方ですが、現実的には、経営する上で、一般に必要とされる行為の一部を「省略」または「簡略化」することです。つまり、同業者や別の業界で、運営上必要とされている事柄を、自分のところでは「しなくて済む」「なくても済ませられる」方法が戦略です。「戦いを略する」から「戦略」というわけです。この考え方を突き詰めれば、競争相手のいない市場を見つけ、そこで独占できる方法を考え、ビジネスを展開することが理想となります。この場合、戦う相手がいないわけですから、正に「戦略」になるわけです。

スタートの段階で、優位性のある戦略を立てることは、スタートの段階からライバルに優位な立場でビジネスを始められることになります。一般に必要とされる行為や要件の一部を「省略」または「簡略化」し、優位性をつくる例としては、次のようなものがあります。

・商品をもたない「技術料」「サービス料」スタイルにする
・自分ではやらない「斡旋専門」スタイルにする
・在庫をもたない「受注生産」スタイルにする
・工場を持たない「OEM」スタイルにする
・配達が不要な「ダウンロード」スタイルにする
・店舗をもたない「出張」「デリバリー」スタイルにする
・椅子を置かない「立ち食い」スタイルにする
・料理を作らない「焼肉屋」「お好み焼き屋」スタイルにする

運送業者の中には、運送業でありながら「トラックを一台も持たない」斡旋専門の会社も存在します。

1秒でつかむ 儲けの★ツボ

戦略とは、何をやらないかを決めることである（マイケル・ポーター）

儲けの思考回路の作り方06

ビジネスと投資の決定的な違いとは？

「戦略は省略である」というのが私の考え方ですが、経営者の中には「お客さんがいらないならどんなに商売は楽だろう」という「心のつぶやき」をヒントに、経営とは異なる別の分野に転身した人もいます。

企画や商品開発、広告や営業、配送や集金、給料計算や納期の心配といったビジネス上の課題は、すべて「お客さんの存在」を前提にしています。だったらその「お客さん」を「省略」できれば「経営にまつわるすべての苦労」を省略できると考えたわけです。

その結果、その方は「経営者」をやめ「投資家」の道を歩み出したのです。経営と投資ではどちらが儲かるかというのは一概にいえませんが、この方のように、投資を経営の省略形と位置付けることもできる（といえばできる）かもしれません。

「経営の目的とは顧客の創造である」と語ったのは、マネージメントの父、ピーター・ドラッガーですが、ある意味、この方のつぶやきは、ピーター・ドラッガーの悟りを超えている気がします（笑）。

お客様がいるか、いないかの違いのほか、経営と投資では大きく異なる点があります。それは、「投資に比べ経営のほうが自分でコントロールできる対象が決定的に多い」という点です。

なぜかあまり語られることはありませんが、投資に比べ経営には、この「自分でコントロールできる対象が多い利点」が存在することに大感謝すべきなのです。

スポーツにたとえるなら、空振りばかりするバッターが「ボールをもっと大きくしてくれ」といったわがままが、経営では許されるのです。

つまり「自分の都合に合わせてルールを変更できる」のが経営の利点です。

1秒でつかむ 儲けの★ツボ

ビジネスは「ご都合主義の修正が可能」である点を認識する

儲けの思考回路の作り方07 「法律」の中に商売のネタがある!

ビジネスは、人間が感じる不満や不安、不便や不自由といった「不」の存在に対処するための商品やサービスを提供するものです。そのため人間が感じる「不」の存在をたくさん知ることは、それだけビジネスのヒントを増やすことになります。

不のサンプルがたくさん学べる学問は「法律」です。法律は「世の中で繰り返し発生するトラブル」に対し、ルールを定めた学問ですから、法律を学べば、世の中に発生する不の対象を発見しやすくなるのです。

特に、法律上の「区分」や「条件」「規制」は商売のネタの宝庫です。

例えば、トレーラーハウスやコンテナハウスは、地面に定着させていない場合「車両」や輸送用の「箱」あつかいのため、不動産には該当せず固定資産税の対象にならない、といった知識が1つ得られたら……

・そうか！　コンテナハウスを軸にした商売を考えてみよう！
・移動できる利点を何かに応用できないか？
・車両や箱あつかいなら許認可の対象外になるものはないか？
・部屋として民泊用に応用する場合の許認可はどうなるのか？
・空き地さえ確保できれば、外国人相手の民泊をどこでも展開できるのでは？
・連結して火葬場に応用できれば住民の許可も不要ではないか？
・海外で内装を安く完成させ日本で売れば、新たな住宅ビジネスでは？
・震災に備えたコンテナハウスの開発なら国から助成金が出やすいのでは？

・コンテナ部分のレンタルやメンテナンス業での展開はどうか？
・コンテナハウスをカスタマイズするパーツの開発に特化できないか？

……といった、連想につなげられるわけです。

また、法律上の条件として、何かを用意しなければならない事実を発見できたのであれば、「その条件を適えるサポート」をビジネスにできないか？　といった発想につなげられるわけです。

1秒でつかむ 儲けの★ツボ

法律は「商売のヒント」の宝庫である

儲けの思考回路の作り方 08

商品価値の高め方に気づく

法律家の中には、依頼された仕事がヒントとなり「副業のネタ」を発見する人もいます。

例えば、設立されたばかりの法人の場合、社歴がないため商品の卸先として認めてもらえないといったケースがあります。ここから「社歴のある休眠中の法人を探してほしい」という依頼があったある法律家は、その後、自身で法人をつくり何年か地味に活動させた後「社歴つきで転売する」といったアイデアを思いついたのです。買い手としても、法律家所有の法人ですから、隠れた債務の存在に心配がいらないメリットがあるわけです。

さらに、不動産や金融といった特定の業種の場合「免許の更新回数」が信用の基準の一つになるものもあります。その点に注目し「一度更新させた後、高値で転売する」といった「価値の高め方」に気づいた人もいます。

法人の転売というと、どうもダークなイメージが付きまといますが、法人の売買は、いわゆるM&Aと同じ捉え方でよいわけです。つまり、その法人に何らかの魅力を持たせて転売するというのは、起業家が最後に行うお金の増やし方の基本です。

ここで伝えたかったことは2つ……

・信用という形なき財産にも需要がある
・商品は付加価値をくわえれば利益を高めることができる

初めに紹介した、社歴つきの法人を法律家から買うケースにおいては「社歴」に加えて「法律家から購入する」という2つの信用が重なっている点にも注目すべきです。

1秒でつかむ 儲けの★ツボ

情報は〝信用〟を加えることで価値が高まる

儲けの思考回路の作り方 09

成功本にみる「成功者の特徴」に発想のヒントがある

成功者の書いた本の中には「7つの法則」「13の条件」「8つの鍵」など、成功に必要な事項をリストアップした本を多く見かけます。

しかし、彼らは成功者だから列挙できたというより、むしろ「必要な項目をリストアップするタイプの人間だったから成功した」のです。

書き出すことには「思考を客観視できる」メリットもあります。脳は2つ以上のことを同時に考慮することは得意ではありませんが、しかし、すべての項目を書き出して、見えるようにすることで、全体を「同時に」上から眺めることができるようになるのです。

私が戦略や戦術を考える際、次のチェックリストを使い発想しやすくしています。

戦略・戦術・改善点チェックリスト

人	・売り主　・仕入先　・提携先　・組織 ・買い主　・利用者　・出資者 ・ライバル　・異業種　…etc
場	・売場　・地域　・取引場所 ・広告媒体　・制作場所　・使用場所 ・欲しがる場所　…etc
時	・タイミング　・時代性　・将来性 ・時間帯　・期間　・回数　・周期 ・使う時　・欲しがる時　…etc
商　品	・特徴　・品質　・性質　・数　・量 ・付加価値　…etc
取引条件	・価格　・支払方法　・費用　…etc
売り方 （欲しがらせ方）	・演出　・見せ方　・広告　・ネーミング ・キャッチコピー　・コンセプト　…etc

※分類の仕方やテーマの設定に経営センスが表れます。

つまり、売り買いの当事者や仕入れ先など「人」の要素、商品やサービスを必要とする場面や場所を意味する「場」の要素、商品やサービスを必要とする時期やタイミングといった「時」の要素、広告や営業といった「売り方」の要素、価格や支払い方法など「取引条件」の要素、「商品」そのものの要素に分類して一つひとつ検討しています。

このように「考慮すべき要素」を見えるようにすることで、どこを、どう「いじるか」が検討しやすくなるのです。

また、このように、一度細分化してキーワードを把握できるようにしておけば、ニュース記事などで、他社が業績を伸ばした事実を知った際も、どの点が自社より優れているかについて、的確に理解しやすくなるわけです。

【推薦図書】「仕事のアイデア発想術」岩波貴士著
「ニッチ商売気づきのネタ帳」岩波貴士著
「55の最強ビジネスモデル」藤村しゅん著

「ビジネスモデル・ジェネレーション」A・オスターワルダー他著
「売れる企画はマイクロヒット戦略で考えなさい」廣瀬知砂子著

1秒でつかむ 儲けの★ツボ

必要な要素をリストアップすれば発想しやすくなる

儲けの思考回路の作り方10 スムーズに進めるための「分割」「細分化」の発想とは？

一つの権利を細分化して考える例のように、世の中には「分けて考えればスムーズ」といった場合が多いもの。いくつか例をあげてみます。

・集客名目と収益を別にする

料理教室の名目で集客し、収益は授業中に先生が薦める「鍋セットの販売」であげる。メイク術のブログを立ち上げ、収益は美容整形のアフィリエイトであげるなど。

・二部制にする

昼は喫茶店、夜はスナックといった昼夜二部制の飲食店などの運営法や「無料の不良品回収」の名目で玄関を空けさせ、帰り際に新聞の営業とバトンタッチするなど。

・二段階・ステップを踏む

前述した「フロントエンド商品」と「バックエンド商品」を使い分ける販売法も、この例に該当します。いきなり高額な商品を進めるより、徐々に信頼を得てから高額な商品に近づけるほうが、生涯収入の面でもプラスになります。

・折衷案を考える

無料提供していたドリンク類を有料化する際の工夫としては、すべてのドリンクを有料にするのではなく「無料のもの」と「有料のもの」２つを用意するなど。

あらゆる場面で、何らかの判断をする場合「細分化」や「2つに分けて考えられないか？」と発想することが大切です。

ことがらはすべて「分割」「細分化」「要素分解」できないかと考える

儲けの思考回路の作り方 11
商品づくり「グー、チョキ、パー、チョキ」の法則とは？

販売商品のラインナップを考える場合、まずは柱になる1つの商品からスタートすべきです。今の場合、セット商品などはそれで1つと捉えます。

次に、いけそうな新商品をもう一つ加え、新旧二つの商品の売れ行きなどを考察し、更にいくつかの新商品を売り出し、その中から人気の出なかった商品を切るという展開で、強い商品ラインナップを確立していく、というのが王道です。

最初は1つだから、ジャンケンに例えれば、これは「グー」になります。
1つ加える段階が、2つになるため「チョキ」
さらにいくつか加える段階が「パー」
その中から強い商品だけに絞るという意味で、再度「チョキ」

つまり、商品は一気にたくさん売り出すのではなく「様子を見ながら段階を踏んで」広げていくことが堅実な商品のつくり方であるという教えです。

これが、商品づくりにおける「グー、チョキ、パー、チョキの法則」です。この考え方は商品づくりの場面だけでなく、やりたいことが多くて、スタートが切れない場合などにも応用の利く考え方です。
「まず軸を決め」「あとは様子を見て」という考えになるためスタートが切りやすくなるからです。

1秒でつかむ 儲けのツボ

むやみに商品を増やすのは失敗のもと

儲けの思考回路の作り方 12

儲かるお店にする「商品」の選び方

儲かるお店にするには「儲かりやすい戦略」を考えることが必要です。

そこで、ここでは儲かりやすくする商品選択の方法を収益アップと経費の削減の両方の視点からご紹介いたします。

・「利益率の高い商品」の専門店を運営する

例えば飲食店の場合、一般に「粉モノ屋は儲かる」とされています。そば屋やうどん屋、カレー店など、そば粉、うどん粉、カレー粉といった「粉を練って商品をつくる商売」のことです。これは粉モノは原価が安いため、利益率が高いというのが理由です。

特定の「利益率の高い商品の専門店」の場合、お店に並べる商品の「どれが選ばれても」利益率が高いため「儲かるようになっている」といった状態を生みます。

・経費のかかる商品を置かない

一方でさまざまな商品を扱うお店の場合、特定の商品が足を引っ張る場合がありますが、そのような商品の取り扱いをやめ、その分、経費のかからない商品や、利益率の高い商品のラインナップを多くすることで「儲かりやすいお店」にすることができます。

関東地方で勢いのあるスーパー「北野エース（株式会社エース）」では、保存の利かない生鮮食料品を置かず、長期の保存が利くレトルト食品や調味料の品揃えを圧倒的なまでに充実させるという大胆な戦略を採用しています。

利益率の高い商品を選ぶことは、経営戦略の中心をなす重要なポイントですが、さまざまな商品を揃える必要のある店舗の場合、この2つの方向から「経費のかかる商品を省略し」「利益率の高い商品のラインナップを増やす」といった組み合わせが構造的に儲かりやすいお店のつくり方になります。

1秒でつかむ 儲けの★ツボ

お客様を「儲かる仕組みランド」に入場させる

儲けの思考回路の作り方 13

つい利益率の高い商品を選んでしまう「選択誘導」とは？

飲食店のメニューのように「何を食べようか」といった、その時点ではお客様に明確な希望がない状況。こんな時に有効に働く「利益率の高い商品を選ばせる仕掛け」の紹介です。

人間には「にぎやかなもの」に注目する心理があります。そのため、利益の出る「おすすめ商品」に誘導したい場合、おすすめ商品を単発で提供するのではなく、バリエーションを持たせた「おすすめ商品群」の形で提示することで、利益の出る商品に誘導できるようになります。選択肢を与えているようで、悪く言えばお客様を「術中にはめる」状態をつくることができるわけです。

同じような作戦に「選択肢を与えて迷わせる」という作戦があります。人間は迷った段階でその中のものを選ぶように、意識が方向づけられる心理があるからです。

これは迷った際に費やした時間を無駄にしたくないと思う、一種のサンクコスト効果（努力を無駄にしたくないと思い判断ミスをする心理）の働きによるものだと考えられています。

商品に、さまざまな色のバリエーションをもたせ、ラインナップをつくるのは、好みに合わせられるという理由のほか、迷わせる効果も期待してのことなのです。ただし、やみくもに数を増やしてしまうと「選択保留」の結果を生む「ジャムの法則」が働くため、商品に応じ選択肢の数は調整する必要があります。

1秒でつかむ 儲けの★ツボ

- **人は「選択の自由」を与えることで誘導できる**
- **おすすめ商品は「おすすめ商品群」にして提示する**

儲けの思考回路の作り方14

「売れるもの探し」ではなく「困っている人探し」をする

開発商品や販売商品を考える場合「何を売るか」より「誰に売るか」を中心に考えたほうがイメージしやすくなります。ビジネスは「人」を中心に考えるべきです。

人を中心にする場合、対象が明確になるため、直接の欲求以外にも「周辺の欲求」を発見できたり「その欲求が発生するに至った経緯」や「裏の欲求」も集めやすくなるからです。

欲求が発生するに至った経緯が分かれば、その欲求を発生させた「原因」も発見できますから、まったく別の商品の開発につなげることもできます。つまり、欲求が発生する「原因を防ぐ商品」といった別の角度からの開発につなげられるわけです。

これまでの商品の改良だけでなく、それを求める「人」や「欲求」に注目することで、思考の幅が広がるということです。

1秒でつかむ 儲けの★ツボ

「誰に」売るかを中心に考えると思考の幅が広がる

儲けの思考回路の作り方15

商品を「別の商品として売る」2つの問いかけ

たとえば「ざる蕎麦」などの上に乗せるための海苔を切るために製作された、「一度に細かく何列にも切れるハサミ」は、海苔を切るハサミではあまり売れなかったために、個人情報保護のための「書類裁断用」として売り出した途端、ヒット商品になったという場合。これは商品を「調理器具のカテゴリー」から「文具のカテゴリー」に変更して成功した例といえます。

この場合、モノを切るという「日常の欲求」から、秘密を守るという「名誉や地位に関する欲求」へと、お客様の「欲求カテゴリー」を変更したことにもなります。

現在提供している商品やサービス、技術の区分や、その商品などによって叶える「お客様の欲求の区分」を変更することで、これまでと同じ商品やサービス、技術の提供であっても収益性を大きく高めることができる場合があります。これが「商品カテゴリー」と「欲求カテゴリー」の変更による収益改善法です。現在の商品やサービスから利益を増やす「2つの問いかけ」は次のとおりです。

・商品カテゴリーの変更→「別の用途に使えないか？」
・欲求カテゴリーの変更→「別の欲求を叶えるために使えないか？」

特に「欲求カテゴリーの変更」によって利益を高めるためには、人間の持つ強い欲求「名誉」「地位」「優越感」「生存」「愛情」にまつわる欲求を扱うべきです。

1秒でつかむ 儲けの★ツボ

カテゴリーの変更により利益を高めることができる

儲けの思考回路の作り方16 新市場をつくりだす魔法の言葉

成分が同じ無添加石鹸でも、あえて「ペット用」と銘打つことでペット市場に置かせてもらえる商品にすることができます。また、ほとんど成分が変わらない蚊取り線香だったとしても、やぶ蚊の多い地域向けには「やぶ蚊用」と銘打って販売することで、他社を出し抜き、その地域のお客様を取り込むことができるようになります。

つまり、ペット用は「ペット用におすすめです」の意味であり、やぶ蚊用は「やぶ蚊でお困りの方におすすめです」の意味であるため、それらの表現を利用してもなんらかまわないわけです。商品に掲載するネーミングや添え書きは、法律上の表示規定に反しない限り、お客様が反応しやすい「それ用」の言葉を添えるべきです。

・新カテゴリーの創造効果

類似の戦略として「新カテゴリーの創造」があります。例えば、ガソリン自動車全盛の時代に、新たにハイブリット車を送り出し「エコカー」という新しいカテゴリーをつくり出し、そのカテゴリーを独占する戦略です。この場合、環境保護を意識する人にとって、その後ガソリン車は車選びの対象外になります。新カテゴリーの創造は、旧カテゴリーに属する商品市場全体から「お客様を引き離す効果」を与えることになります。

・当たり前の説明が優位性を生む

複数ある商品のうち、1つだけ「国産原料を使用」と表示していた場合、別の商品については「国産ではないかも」と、不安に思うはずです。そのため、業界では常識的な内容であったとしても、あえて消費者に対してはその「説明」を表示することで他社の商品を不安に思わせることができます。説明には「優位性形成力」があるのです。

・次元の違う商品であることを印象付ける広告の例

商品に自信があるなら、チョーヤ梅酒のテレビCMが参考になりますのでご紹介いたします。「The CHOYA」という商品のCMですが、そこでは、自社商品が「一般的な商品」とは別格であることを伝える次のようなフレーズが使われていました。

「これはもう、梅酒というよりCHOYAです」……なるほど！

1秒でつかむ 儲けの★ツボ

新カテゴリーの意識づけで他社商品からお客様を離す

儲けの思考回路の作り方17

オリジナル商品は自分でつくらなくてもよい

オリジナル商品をもてば、メーカーの卸値の制約なしに、自由に価格を決定ができるなどの利点が生まれますが、かといって、自身で商品の製造までする必要はありません。製造代行してくれる企業が山ほどあるからです。

例えば「この商品にこんなネーミングをつけて売ればヒットしそうだ！」というアイデアが出たなら、商品の「製造」は別の会社に頼み、自身は「販売」を行うことになるわけですから、商品のラベルには……

製造 ○○株式会社

販売 あなたのオフィス名

といった、いわゆるWネームの商品というスタイルで売り出せばよいわけです。

代わりに製造してくれる会社を探す場合「商品ジャンル」にプラスして、製造代行を意味する「OEM」と合わせて、ネット検索すれば、そのジャンルの商品の製造を行ってくれる企業がたくさん探せます。

例えば、サプリメント製造代行業者を探す場合なら「サプリメントOEM」といった検索をすればよいわけです。Wネームでの商品販売は、化粧品業界や健康食品業界などで多く見られるスタイルですが、あらゆる商品に製造代行をしてくれる企業は存在します。

1秒でつかむ 儲けの★ツボ

自身は企画、製造は代行業者に任せるスタイルで利益率の高いオリジナル商品がもてる

儲けの思考回路の作り方 18

「売る理由」や「買う理由」を与える

人類は他の動物と違い、大脳が発達した関係で、物事を論理的に考えるように進化しました。そのため、あらゆる場面で「理由」を求める性質がうまれました。

販売においても、この人が理由を求める性質を考慮しなければなりません。売るためには「購入することを正当化するための理由を添えること」が大切になるのです。「購入して失敗した!」とならない様、お客様の頭の中には「理由を求める心理」が働いているのです。理由は「安心を得るため」に脳が要求するものです。

では具体的には、何をすればいいかといいますと、それは……「言葉を添えること」をすればいいのです。

言葉を添えるとは「説明を加える」と言い換えてもよいでしょう。人間は疑問のある点への説明がないと買わずにスルーしてしまうのです。また説明によって安心が得られるため購入につながるのです。

お客様のとぎれないお店の中には、商品につけるポップにこだわりを持つお店が多いものですが、ポップによる説明も、ここでいう「言葉を添える」という意味と同じです。

【推薦書籍】「売れる！　楽しい！「手書きPOP」のつくり方」増澤美沙緒著
「コトPOPを書いたら あっ、売れちゃった！」山口茂著

逆説的に考えれば、今の世の中で「説明なしに販売をしている業界」があれば、そこに、説明を加えることで、一気にシェアを獲得することができます。

典型的な例は、料金設定があいまいな業界を狙うことです。そのような業種の場合、明確な「料金表」を設置するだけで、お客様から選ばれる会社になります。

商品企画の際なら、自社が「売る理由」を考えることが売れる商品づくりには必要な視点です。売る理由を考える場合「○○だから売る」の○○に入るものを考えればいいわけです。つまりは「売るに値する理由があるか」を判断するわけです。

・歴史のご当地だから売る

・地元の偉人にちなんだものだから売る
・地元の名産品だから売る
・誰も作らないものだから売る
・一番こだわっている私が作るものだから売る……など。

1秒でつかむ
儲けの★ツボ

商品は売れる言葉とセットで考える

6章

あなたを手助けする！

儲けへのステップ

情報に接する場合、「儲かる話」には反応できるものですが、「儲けにつながる話」にはなかなか気づけないものです。

ビジネス視点で物事を見つめ、実際に儲けへとつなげていくにはどうしたらいいのか――。この章では物事の捉え方や情報との付き合い方を通し、儲けへのステップアップを図る方法を紹介していきます。

儲けへのステップ 01

判断ミスの原因と予防のための情報源を知る

・判断ミスの原因は2つ

①考慮すべきことを考慮しなかった

②考慮すべきことの重要度を誤った

一つ目は「知識不足」が原因であり、二つ目は、優先順位や重視するべきウエートの誤り、知識の偏りなどと言い換えてもよいものです。

判断するためには「判断材料」が必要ですが、つまるところ知識や経験に基づき蓄積された「記憶」が「正しい判断を導くに値する状態」にあるかが問題ということになります。

・価値ある情報は自ら探し出すもの

無料で入手できる情報の中にも、もちろん有益なものは多く存在します。ネット社会の今日では、その取捨選択の能力が問われる時代になったといえます。

しかし、単純な考え方一つで取捨選択の手間を省くことができます。

それは「多少なりともお金を出す」という考え方です。つまり、無料の情報に頼るだけでなく、本を購入するなり、有料情報を定期購読するなりの多少の投資をするだけで、その他大勢との差別化が図れるということです。

・ビジネス頭をバランスよく鍛えるには?

前述したように、判断ミスの理由の一つは「知識の偏り」に起因します。人間は意識しなければ、自分の興味のある分野ばかりの情報に接することになりがちです。問題は、興味の沸かない分野にも知っておかなければならない重要な情報があるということです。

特にビジネスの場合、失敗は「お金の問題」に直結するため、興味のわかない分野でも、一通り学んでおくことは危機管理の上でもとても重要です。ビジネスには、企画、集客、流通、会計、資金繰り、マネジメント等、さまざまな「考慮すべきこと」が存在します。私の場合、運よく20代でその点に気づけたため、次の定期刊行物のお世話になったことが「知識のバランス」を取る上でとても役に立ちました。

◎トップポイント https://www.toppoint.jp/

「トップポイント」は、有益なビジネス書のダイジェストを「かなりの分量で」数多く紹介しているのが特徴の老舗の冊子です。一冊読んだつもりになれるほどの充実ぶりであり、知識の偏りを防ぐにはとてもよいサービスです。

1秒でつかむ 儲けの★ツボ

判断力は「判断材料」の質と量で決まる

儲けへのステップ02 アイデアが出やすくなる情報との付きあい方

アイデアの出やすい人は、おなじ情報を複数の角度から入力している人です。

情報に触れる機会が多くなると、必然的に、同じ情報について複数の角度から再入力、再チェックをすることになります。

「1つの情報に1つの説明しかできない人」と「1つの情報に多角的な説明ができる人」とでは「発想の際に使える分母の数」が決定的に違います。

ホリエモンこと、堀江貴文氏が「情報を浴びるように入力しろ」とアドバイスする理由の一つも、このような情報の特性を理解しているからにほかなりません。

情報の再入力は、それだけでも「記憶の強化」になりますが、表現や周辺情報が異なれば、それだけでなく、発想の素材である記憶の「幅を広げること」の意味があるのです。

1秒でつかむ 儲けの★ツボ

発想力は、情報を「角度を変えて」再入力する回数に比例する

儲けへのステップ03 企画は出すだけでなく「育てるもの」でもある

自分で仕事を始める場合、それらの考えとは別に、「企画を育てていく」といった「長期的な視点」も必要になります。新しい企画を打ち出した場合、初めのうちはお金になりません。むしろ、研究費や開発予算が出ていくばかりで、その時点では赤字です。ネットビジネスで、ある程度放置しても収入が入る形の「資産型のブログ」などをスタートさせる場合も、最初のうちは、ほとんどお金になりません。

そのため、「もう少しのところで…」の状態にもかかわらず、自身の企画をあきらめてしまう人が多いのです。企画やアイデアは「出して終わり」という発想では上

ニーズの衰退に備えて複数の企画を育てる

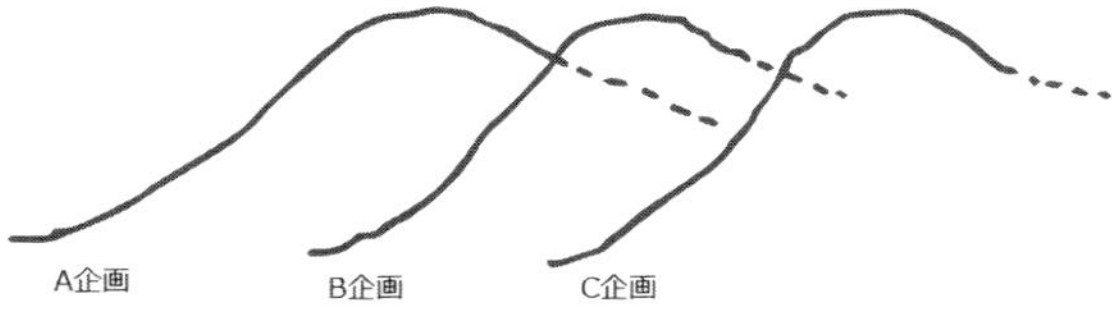

手くいきません。始める前から「育てていく」「温めていく」考え方を持つ必要があります。

変化の激しい時代ですので、一つの企画や、一つの収入源だけを頼りにするのは、とても危険です。その企画に対する世の中の需要がなくなれば、仕事に困ることになるからです。そのためには、調子のいい時期に「別の企画」も始めることです。

リスク分散の意味の他、育てるには時間がかかる為、調子のいい「時間と自信のある時期」にこそ新しい企画の「種まき」をしておくべきなのです。

私は、こっそり温めている企画を「サブマリン企画」と命名し、心の中で育成を楽しんでいます。将来性のある企画は「そのものズバリの名称」でドメインを取得しています。ドメイン名は「.com」でも年間1200円程度で取得できますので、自分自身に本気度を見せる意味でも取得しておくとよいでしょう。

1秒でつかむ 儲けの★ツボ

月収、年収の視点のほか長期の「企画育成型」の視点ももつ

儲けへのステップ04 ▼ 商品の価値は「受け手」によって決まる

・世の中の9割が知っている情報でも、知らない人にとっては「有益」
・大切なことを知らないままでいる人を探し分かるように伝える
・だから、①若い人　②高齢者　③積極的に学ばない人

「このような人を相手に、私は50年教育の仕事をしてきました」……と言ったのは、某文化センターの元会長さん。とても鋭い考え方だと思いました(笑)。

このように、あなたが提供する価値は「受け手」によって決まるものです。これ

は「価値を高く感じてくれる人」を相手にビジネスをせよという意味でもあります。

コンサルティングで高額の報酬を得る秘訣もここにあります。それは「最後の一歩で苦しんでいる人」を相手にすることです。

「成功の瞬間を与えた人間」は神様あつかいされます。ところが、成功の要件がまだまだ揃っていない相手にアドバイスをした場合、同じアドバイスをしても成功に至らないわけですから、結果として「あのコンサルタントは使えない」となります。これでは、こちらの評判を下げる手伝いをしているようなものです。

提供する価値を高く評価してくれる人を探すには「接近の仕方」に段階を設けることが必要になります。

1秒でつかむ 儲けの★ツボ

集客とは「喜んでいただける人探し」である

儲けへのステップ05

お客様には段階があることを知る

情報は、分類することで「新たな価値」が生まれるものです。ビジネスにとって特に重要なのは「お客様」の分類です。

お客様は、大きく分けて次の3つに分類することができます。

①まだ購入していないお客様（見込み客）
②初めて買ってくれたお客様（初回客）
③頻繁に買ってくださるお客様（常連客）

「お客様」という1つのくくりでは、いずれのお客様なのかがわかりません。分類することによって、各段階ごとに「誘いかけの言葉」を変えて、的確な接近できるようになるため、より上の段階まで引き上げることが容易になります。

業績のよい会社は、このようなお客様の分類を精密に行う点にあります。精密に分類することで、連絡をする時期や時間、紹介する案件などを、こと細かに使い分け、最大限の収益につなげるよう工夫しています。

分類することで「特典の使い分け」などもできるようになるため、すべてのお客様に大盤振る舞いするような「経費ムダ」を避けることができるのです。

まずは「見込み客」の段階のお客様の連絡先を確保することです。広告の際は無料サンプルをプレゼントしたり、購入しやすいお試し商品を提供したり、無料のパンフレットを送付するなどの方法で「次に連絡を取れる状態」をつくることが何よりも重要です。

1秒でつかむ 儲けの★ツボ

お客様は段階ごとに分類しそれぞれに「かける言葉」を変える

儲けへのステップ 06

「時代に取り残される不安」をなくす考え方

自分が生涯にわたって活動する「大まかな居場所」を特定してみましょう。言い換えれば「ライフワーク」として携わっていけるであろう分野を特定してみることです。大まかに決める必要があるのは、明確に限定してしまうと、時代の変化に適応させた修正やズラしが出来なくなるためです。

私の場合は20代前半で「情報提供」や「アイデア」「教育」といった「形のない仕事」を生涯にわたって担当するのではないかという漠然とした考えを持っていました。事実、30年近くたった今でも、その分野で活動をしていますし、それ以外の分野に身を置かなくて正解だったと思っています。

また、そのようにテリトリーを決めておいたお陰で、新しく入るすべての情報を「その分野と絡めて」考えることを習慣にできました。

「自分の居場所」を特定することは「情報を組み合わせる軸」をつくることと同義です。

自分の軸が決まれば、新しく入手したあらゆる情報は、すべて「自分のテリトリーに応用の効くアイデア」につなげやすくなるのです。

「自分の軸の特定」＋「新たな情報」＝自分が使える知恵の発見

「行き詰り」や「取り残される不安」が発生するのは、本来、自分が身を置くべき場所に身を置いていないことに由来します。自分の居場所が特定できれば、継続できるわけですから、その分野での「思考のベテラン」になれるわけです。そのような人にとって、世の中の変化は「自分が指導する立場になれる時代の到来」のように映るものです。

1秒でつかむ 儲けのツボ

自分の居場所が特定できれば時代の変化は「チャンスの到来」である

儲けへのステップ07 ▼ シンプルな「7つの方法」で能率はアップする

・仕事のスタートは睡眠から

睡眠不足に利点はないように思います。長期的にみれば寿命を縮めることにもなります。

一般に一日のスタートは、朝の目覚めからというように考えがちですが、人より長時間睡眠を必要とする体質の私は「仕事のスタートは睡眠から」というように考え方を変えてから、それまで以上に調子がよくなりました。

・関節の角度と集中力

長時間ヒザや腰の角度を同じにしていると集中力は下がります。筋肉疲労は、体の関節の角度を変えることで継続させやすくなります。そのため私は①机、②立ち机、③ベットの三か所で作業をするようにしています。特に「立ち机」の効果は絶大です。

・光と音

考え事をする場合、つまり「頭の中の声を聴く際」は、光は少なく、音は無くといった環境のほうが適しています。

脳は空虚な状態を嫌います。このため、そのような環境に身を置けば、空虚さを埋めるために、脳はみずから何かを発するようになります。それが「発想」です。普通に何らかの作業をする際には「適度な光」が必要です。

また単調な作業の場合には、ＢＧＭなどが作業時間を延ばすことに役立ちます。一方で高度な集中力を必要とする場合はＢＧＭはむしろ不要かもしれません。

光と音は意識的に使い分けましょう。

・片目を閉じる

作家の藤本憲幸さんは、片目を閉じて作業することで、睡眠時間を軽減できると著書の中で語っていましたが、私の場合、パソコン仕事が長時間を要する日は、意識的に片目を閉じるようにしています。実際そのほうが作業時間が伸びます。ステレオとモノラルの違いのようなもので脳の負担が減るのが理由ではないかと考えています。

・タイマー

単純な道具ですが、うっかりスルーしてしまう失敗をさけるために大いに役立ちます。

・チェックリスト化

こちらは「取りこぼし」を無くすための古典的な「使える知恵」です。

・見える化

わからなくなるのは「見えるようにしていないから」というのが大きな理由です。頭にわからせるには、まず「目に届くようにしておくこと」が大切です。「仕事の見える化」に関する本がたくさん出版されているのも、見えるようにすることが「差」を生むことに直結するからにほかなりません。

【推薦図書】「仕事の見える化」石川和幸著

1秒でつかむ 儲けの★ツボ

能率を高める知恵は単純なものでも価値が高い

儲けへのステップ 08

能力の高さと同様に「○○の少なさ」は武器である

私の思う、経済的成功者の持つ4つの心的傾向は、

①怖いもの知らず
②恥知らず
③疲れ知らず
④迷惑知らず

つまり、どこかに「鈍感力」とでもいうべき「マヒの要素」を感じる人が多いのです。平均的な人間なら、①怖くてできない、②恥ずかしくてできない、③きつくて続かない、④申し訳なくてできない、というようなことを「平気でできてしまう人」が経済的成功者の中には多いのです。

ここであえて「経済的成功者」と限定したのは、必ずしも人生全体を見た場合、成功者とはいえない人も含まれていたからです。経済的には成功したものの、家族とはうまくいっていなかったり、健康面がよくなかったりと、トータルでは疑問符がつく人もおられたからです。

また、迷惑知らずの社長にいたっては、迷惑な儲け方で他人に被害を加えていたわけですから、本来的に成功者ではないからです。

能力開発やコーチングの業界では、以前は「いかに能力を引き出すか」というアプローチでしたが、最近は「いかに心の抵抗（メンタルブロック）をはずすか」を重視するようになりました。「心を開かせてからでなければ指導内容は入らない」

点に気づいたからです。

「大好きなことを仕事にせよ」という言葉をよく耳にするようになりましたが、好きなことを職業にする場合「疲れ知らず」という「マヒの要素」が生かせるはずです。

1秒でつかむ 儲けの★ツボ

自分のもつ「心の抵抗の少なさ」が生かせる仕事を選ぶ

儲けへのステップ09 ▼ 他人が求める「あなたの価値」はここにある！

他人が感じる「あなたの価値」は、あなたが目標としてきた対象ではなく、あなたがその目標を叶えるために培ってきた「前提要件」の中にあるものです。

例えば、プロのテニス選手になるために、海外留学してきた人にとっての目標は「プロのテニス選手になること」ですが、他人は、あなたがプロのテニス選手になるための前提要件として、コーチの指導を受けるために身につけた「語学力」のほうに魅力を感じるというものです。

本人にとって、目標はまだ身につけていない「不完全な内容」といえるものかもしれません。しかし、その目標を叶えるために培ってきた、前提要件については「かなりの完成度」に達していることが多いものです。他人は完成度の高い対象に魅力を感じるものです。

世の中には、あなたが前提要件という位置づけにしているものを最終目標にしている人も多いという事実を知るべきです。目標としている対象以上に、目標を叶えるために培ってきたものの中にこそ、他人から見た「その人の価値」が存在していることが多いのです。

1秒でつかむ 儲けの★ツボ

目標を叶えるために培ってきた前提要件を武器に仕事を考える

儲けへのステップ10

「とりあえず就職」という場合ならどのような仕事がいいか?

この手の質問はまったく返答に困ります。若い方から同じような質問をよく受けるのですが、本人の性格や目的の違いで就職先の良し悪しは変わります。

・将来独立を考えているなら、勤めている期間は、お金をいただきながらビジネスに必要な知識やスキルが学べますから「会社のお金でさまざまな能力を身につけられる点」を考慮して、身につけたい内容から「数をこなせる」就職先を選ぶのがよいでしょう。

・また「経営者と多く会える仕事」がいいのではとアドバイスしています。私が大きく影響を受けた情報源は主に次の3つです。①経営者、②広告代理店、③ビジネス書、これらには共通点があります。すべて経営者からの情報が得やすいという点です。「多くの経営者に直接会える立場」が得られる仕事は、それだけで価値が高いといえます。

・広告代理店は、さまざまな業種の広告を扱っていますので、広告の出稿の増減などからホットな業界を知ることができ、そのノウハウなども知る機会が多いのです。

・同じく金融業も事業融資の場合、経営者と毎日接することになります。またお金を扱う仕事ですので、さまざまな経営の「真実」を知ることができます。金融業者の中には、広告代理店を傘下にもつところもありますが、視点は「情報重視」にあります。

・世の中に「学校がない業界」もおすすめです。就職した人でなければ知れない情報が得られますので「自身の希少性」も高められます。現金問屋などがよい例です。

・ホットな業界に身をおく利点の一つは、転職組にビジネスセンスの良い人が多い点です。特に「目立たない業種」の場合、鼻の利くタイプが多いため人からの学びが多いはずです。

・一通りビジネスマナーなど社会人としての基礎がしっかり学べる点では大企業は優れています。また大企業には美人が多いのも確かです（笑）。

1秒でつかむ 儲けの★ツボ

「ホットな情報が集まりやすい立場」に身を置く

儲けへのステップ 11 ▼ 「過去をこれからつくる」という生き方とは？

現時点からみた過去の事実は変えようがありません。しかし、例えば5年先、10年先の未来から見た過去は、これからつくることができるのです。

もし「あなた」が、5年先、10年先の未来に「こうなっていたい」という自分を描いたのであれば「そうなるに値する過去」をこれからつくることで「そうなれる」のです。

今の自分のことを「重大な失敗をやり直すために未来から来た自分なのだ」と考える生き方がありますが、それは有意義な考え方だと思います。

まずは、5年先、10年先に「こうありたい自分」を描き、それを叶えるための条件を書き出してみることです。そして5年先、10年先までに、その条件を一つひとつ「揃えていく生活」をすればいいのです。

成功やチャンスは「つかむもの」と考えがちですが、実は「つなげるもの」「揃えるもの」です。つかんだように思える人は、それまでに残りのすべての条件を揃えてきた人です。最後の一つを揃えた瞬間が「つかんだ」ように見えるだけです。

1秒でつかむ 儲けの★ツボ

「成功するに値する過去」はこれからつくれる

儲けへのステップ12 ▼ 情報がビジネスの鍵になる時代に

昔、20代のある青年社長は、東京の高層ビルのレストランの窓から、下を見下ろしながら、先輩経営者に、次のような言葉をかけられました。

「見てみろ、東京にはこんなにビルがあるんだ、
1つぐらい自分のものにできると思わないか」

その日かけられたこの言葉が、その青年社長を10数年後、自社ビルを持つ不動産会社の社長にした「運命の言葉」だったのです。私はその社長から直接、そのことを教えていただきました。このように、言葉には、その人の人生を一瞬で開くだけの力があるのです。

運のよい人とは「運の開ける言葉」に出会えた人のことです。考えてみれば、問題解決の方法や、ビジネスをスムーズにするアイデア、心を前向きにしてくれる考え方もすべて「言葉の発見」であることが分かります。あらゆる発見や解決策は、言葉で表現できるもの、つまり「言葉の中にある」のです。

その人にとって、役立つ真理を的確に言い表わした小さな言葉の発見は、法則や数式の大発見に匹敵するだけの価値があるのです。

そのため、運の開ける言葉に出会える確率を高めることが、人生を開く鍵になるのです。人との出会いや、さまざまな経験をつむほかで、言葉に出会える確率を高める有益な方法は「読書の習慣」を持つことです。

私の場合、一冊の本の情報を角度を変えて捉えるために「書評ブログ」の記事を活用しています。有名な本は、さまざまな書評家が取り上げていますので「ブログ内検索」を利用し、各々の書評家さんのその本に対する意見を参考にします。すると、一冊の本をより多角的に見ることができるようになるのです。

相性の良い書評家は、自身の「情報顧問」のような有難い存在です。書評ブログを活用しましょう。

また、ビジネスの捉え方や歴史の流れをつかむために次の本をお薦めいたします。

【推薦書籍】「一流の人は、本のどこに線を引いているのか」土井英司著
「土井英司の「超」ビジネス書講義」土井英司著

「情報を読む技術」中西輝政著
「座右の古典」鎌田浩毅著
「成功読書術　ビジネスに生かす名著の読み方」土井英司著
「「24のキーワード」でまるわかり！最速で身につく世界史」角田陽一郎著
「侵略の世界史」清水馨八郎著
※186ページ以降に著者が推薦するビジネス書評ブログの一覧を掲載しております。

1秒でつかむ
儲けの★ツボ

本から多角的な学びを得るために「書評ブログ」を活用する

書評ブログ

書評ブログタイトル　書評家（敬称略）
『ビジネスブックマラソン』土井英司
『マインドマップ的読書感想文』Smooth
『本ナビ：本のソムリエの一日一冊書評』本のソムリエ
『HONZ』成毛眞ほか
『ブクペ』天才工場
『BOOK-SMART』ゼンブックス
『bookvinegar』ブックビネガー
『ビジネス書をビジネスのチカラに』こばやしただあき
『読書で人生武者修行（改）』プレミアム
『エンジニアがビジネス書を斬る！』まるるちゃん
『書いておかないと忘れちゃうから「読書記録」』チャンちゃん
『ビジネス選書&サマリー（バックナンバー）』藤井孝一
『本当に役立つビジネス書』藤巻隆
『活かす読書』ikadoku
『山田修の戦略ブログ』山田修
『ビジネス書のエッセンス（ビジネス書 書評ブログ）』まなたけ

『元多読書評ブロガー石井の「行動読書」学びシェアブログ』石井聡
『賢者の図書館（Under Construction）』Master
『ビジネス書でバージョンアップ2・0！』かっちゃん2・0@名古屋
『シゴタノ！　仕事を楽しくする研究日誌』大橋悦夫
『浅沼ヒロシの書評ブログ　晴耕雨読日記』浅沼ヒロシ
『Shere 読書.Com』米山智裕
『風竜胆の書評』風竜胆
『理系書評！　エンジニアライターの本棚』理系スタイリスト
『ほぼ日blog～通勤読書で継続力を高めよう！～』sugiyuzu
『Namuraya Thinking Space』Namuraya
『It's a Business Book World』Junichi Yamato

※こちらに掲載できなかったブログも含め「日本アイデア作家協会」のホームページ内「書評ナビ」コーナーにリンク付きで掲載しております。
■検索キーワード↓「日本アイデア作家協会　書評ナビ」

無料追加情報

本書には追加情報が得られる特典がついています。

1. 軽い内容の本書を体系的に深く理解するための副読本
2. 小予算ビジネスに役立つ情報源特集（随時更新）
3. 「便利な情報源」詰め合わせ（随時更新）

まずは「日本アイデア作家協会」の
ホームページ内「読者コーナー」へアクセスしてください。
追加情報が得られるページにログインする際の
パスワードは下記の乱数表を使い指示いたします。

検索キー：日本アイデア作家協会
http://www/ideasakka.com/

	A	B	C	D	E	F
G	6	1	9	2	3	4
H	1	6	2	0	5	7
I	3	9	8	6	1	4
J	5	8	4	3	7	2
K	2	0	1	9	0	6
L	4	2	6	7	0	1

青春文庫

1秒《びょう》でつかむ
儲《もう》けのツボ

2019年6月20日　第1刷

著　者　岩《いわ》波《なみ》貴《たか》士《し》

発行者　小澤源太郎

責任編集　株式会社プライム涌光

発行所　株式会社青春出版社

〒162-0056　東京都新宿区若松町12-1
電話　03-3203-2850（編集部）
　　　03-3207-1916（営業部）
振替番号　00190-7-98602

印刷／大日本印刷
製本／ナショナル製本
ISBN 978-4-413-09724-6

日本人が知らない歴史の顚末！
「滅亡」の内幕

隆盛を極めたあの一族、あの帝国、
あの文明はなぜ滅びたのか――
〝その後〟をめぐるドラマの真相を追う！

歴史の謎研究会［編］

（SE-716）

アドラー心理学で
子どもの「がまんできる心」を引きだす本

「なんでも欲しがる子」「キレやすい子」の
心に届く言葉がある！　アドラー心理学を
取り入れた上手な子育て法

星　一郎

（SE-717）

ちょっとした心のクセで損しないために
つい「気にしすぎる自分」から抜け出す本

いい人すぎるのも優しすぎるのも、あなたが
悪いわけじゃない。ストレスなく心おだやかに
生きるための心のヒントをあなたへ――。

原　裕輝

（SE-718）

相手の「こころ」はここまで見抜ける！
1秒で盗む心理術

面白いほど簡単！　ヤバいほどの効果！
「おうむ返し法」「空ボメ法」「沈黙法」…他人
には教えられない禁断の裏ワザを大公開！

おもしろ心理学会［編］

（SE-719）